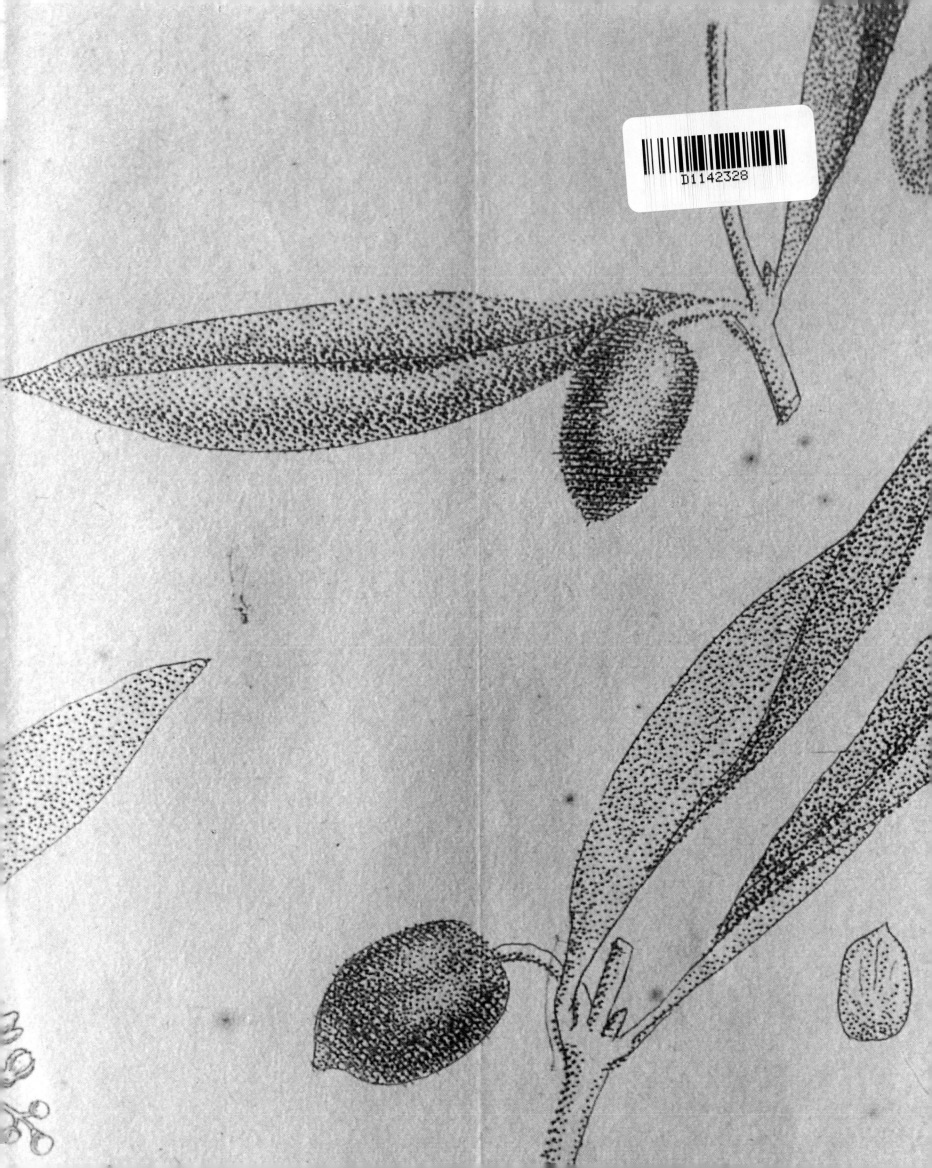

l'huile d'olive

l'huile d'olive

l'huile d'olive

PHOTOGRAPHIES
Jean-Marie del Moral

TEXTES
Élisabeth Scotto
Brigitte Forgeur

Avec la collaboration de
Catherine Bilimoff

ÉDITIONS DU CHÊNE

SOMMAIRE

Les trulli, *ces étranges petites maisons aux toits souvent recouverts de motifs ésotériques, se retrouvent dans la vallée d'Itria, dans les Pouilles. L'origine de ces constructions de pierres sèches se perd dans la nuit des temps. On raconte qu'elles auraient été bâties par les propriétaires terriens pour contraindre les mauvais payeurs. Il suffisait en effet d'attacher une corde au pinacle du toit pour faire s'écrouler l'édifice.*

au fil de l'histoire

« IL EST UN PLANT DONT JE NE SACHE PAS QU'UN PAREIL AIT
SURGI JAMAIS, NI SUR LE SOL D'ASIE, NI SUR CELUI DE LA
GRANDE ÎLE DE PELOS, UN PLANT INDOMPTABLE QUI RENAÎT
DE LUI-MÊME, UN PLANT QUI EST L'EFFROI DES ARMES ENNE-
MIES, ET QUI CROÎT EN CES LIEUX MIEUX QUE PARTOUT
AILLEURS, L'OLIVIER AU FEUILLAGE BRILLANT, LE NOURRI-
CIER DE NOS ENFANTS, L'ARBRE QUE PERSONNE, NI JEUNE NI
VIEUX, NE PEUT BRUTALEMENT DÉTRUIRE OU SACCAGER. »
Œdipe à Colone, Sophocle.

Coriaces, persistantes,
les feuilles de l'olivier
ont fait rêver bon
nombre de poètes.

À DROITE.
Oliviers, amandiers et vignes,
rythment les campagnes
andalouses. L'olivier ne craint
pas le calcaire et s'intègre
bien dans l'univers minéral
de l'Andalousie. Ce paysage
entoure Baena, la ville où
sont situés les plus importants
producteurs de la région.

Lorsque Sophocle écrit cette phrase, environ 400 ans av.
J.-C., l'olivier a déjà un long passé sur les rives de la Méditerranée, au cœur de cette mosaïque de civilisations rassem-
blées autour d'une mer éclatante, la *mare nostrum* célébrée
par les Romains.

Une civilisation millénaire

C'EST À SES FRUITS, SI NOURRICIERS, et à son huile, tant célébrée, que l'olivier doit d'être devenu un arbre de légende, générant un nombre important de mythes. Mais nul ne sait, ni chercheurs ni archéologues, qui fut le premier homme à oser goûter ces fruits amers, qui osa les presser et boire cette huile surprenante.

SI L'ON SAIT QUE LES HOMMES DU NÉOLITHIQUE stockaient déjà l'huile d'olive dans des jarres en terre, rien ne nous permet en revanche de savoir ce que devint ensuite l'oléiculture pendant quarante-cinq siècles. En effet, il faut attendre 4 500 ans av. J.-C. pour en retrouver la trace, au cœur de la Méditerranée, en Crète. La civilisation crétoise, riche et brillante, domina le Bassin méditerranéen de toute sa puissance jusqu'en 1 450 av. J.-C., date de son effondrement – dû sans doute au tremblement de terre qui dévasta la Crète juste après l'explosion volcanique de l'île de Santorin, aujourd'hui demi-cratère immergé dans les eaux claires de la mer Égée. Les ruines des palais de Cnossos et de Phaistos nous ont livré des amphores d'huile de deux mètres de haut, les *pithoï*, et des tablettes,

En Toscane, à une vingtaine de kilomètres de Florence, ce jardin entoure une des nombreuses propriétés appartenant aux marquis Frescobaldi. Bona Frescobaldi fait partie des cinquante grandes familles toscanes qui ses sont associées pour produire sous le label « Laudemio » (du latin laudatio, qui signifie louange) la fine fleur de l'huile, une appellation d'origine contrôlée soumise à des règles draconiennes.

8

formidables livres de compte indiquant les lieux de productions, les besoins des villes, les échanges avec les pays voisins,
Syrie, Palestine et Égypte en particulier. Sur les parois des
tombes des pharaons égyptiens, entre 1 500 et 1 400 av. J.-C.,
sont représentés nombre de marchands crétois. Pourtant,
l'Égypte connaissait bien l'huile d'olive : le mastaba de
Saqqarah – datant de 2 500 ans av. J.-C., la toute première
pyramide connue, dite pyramide à degrés – abrite une pein-
ture du plus ancien pressoir que l'on connaisse. Mais l'huile
égyptienne était peu estimée. Voyageur parmi les voyageurs,
le philosophe grec Théophraste disait sans ambages qu'elle
« sentait fort », que les arbres « étaient grands, bien dévelop-
pés et portaient beaucoup de fruits, mais les olives ramassées
sans soin ». Ce qui laisse à penser que l'huile locale était utilisée comme onguent, baume pour le corps, huile d'éclairage
ou huile sacrée, et nous ne savons rien de son utilisation dans
la cuisine de l'Égypte ancienne. Cette mauvaise qualité recon-
nue expliquerait, en tout cas, les échanges commerciaux inten-
sifs avec les Crétois.

ALORS QUE S'EFFONDRAIT LA CIVILISATION CRÉTOISE naissait
sur les côtes de l'actuel Liban la civilisation phénicienne qui
rayonna bien au-delà de la Méditerranée. Première civilisation de marins à se guider avec les étoiles, les Phéniciens iront
au nord jusqu'en Cornouailles, au sud à Dakar, et sur nos
rivages pour y fonder la ville de Marseille. Voyageurs, artisans, commerçants, ils ont largement contribué à la trans-
mission et au développement de la culture de l'olivier.

SIMULTANÉMENT, LA CIVILISATION GRECQUE prenait un essor
considérable et établissait ses comptoirs tout autour de la
Méditerranée, entrant ainsi en concurrence avec les Phéniciens.
Les Grecs apportaient avec eux leur savoir et leur culture, offrant
aux peuples de Provence, de Corse et d'Italie leur technique
déjà parfaite de la culture de l'olivier – de l'entretien des sols
jusqu'à la récolte et au système d'extraction de l'huile.

QUELQUES SIÈCLES PLUS TARD, C'EST ROME qui règne en maîtresse sur toute la Méditerranée. Comme toutes les civilisations qui l'ont précédée, elle accorde une grande importance

*À Baena, en Espagne, le cellier
du producteur Nuñez de Prado
date du XVIIIᵉ siècle. Un ancien
instrument de mesure
de Castille est posé sur
une* tinaja *(jarre à huile).
À la Fábrica, on en possède
toute une collection :* aroba,
cántara, panilla *et* taza.
*Les capacités des jarres
sont dessinées sur le mur
par un artisan.*

à l'olivier, et ses empereurs vont favoriser la culture dans toutes les provinces. L'Afrique du Nord va connaître alors un grand développement de ses oliveraies. Ainsi a-t-on mis à jour, dans les ruines de la ville antique de Volubilis, au Maroc, pas moins de cinquante-cinq oliveraies et des systèmes d'irrigation très sophistiqués. Le gouvernement central de Rome percevait une partie des récoltes en guise d'impôt, et le trafic maritime était intense entre les ports d'Afrique et Ostie, où les navires rentraient chargés d'huile et de blé. Les archéologues ont pu retrouver les diverses provenances des amphores selon les époques, ce qui donne une image très explicite de l'évolution du commerce. À certaines périodes, c'était la Tunisie ou l'Espagne qui exportaient le plus, à d'autres, la Tunisie seule ou l'Italie... Ceci montrerait que les pays sous domination romaine étaient riches et que les Romains avaient su imposer leurs lois, leur administration, et influer sur l'agriculture, base de l'économie.

Après la chute de l'Empire romain, peu de chroniques permettent de suivre l'évolution de la culture de l'olivier, qui semble désormais totalement implantée dans le paysage méditerranéen. L'olivier va rester un atout majeur du commerce et l'huile d'olive va prendre peu à peu la place qui lui est due dans le domaine de la gastronomie, s'offrant aujourd'hui le luxe de s'exporter dans le monde entier.

À droite.
Les masserie de la région des Pouilles, en Italie, sont de grosses fermes agricoles dont les occupants vivaient autrefois quasiment en autarcie. Dans ce qui reste de la dépendance de la masseria Spina Grande à Monopoli, on retrouve les vestiges d'un ancien moulin.

Cette jarre est présentée au musée de l'Olivier à Nyons. Appelée « dourg » ou « duire », elle servait à stocker la récolte de l'année. Souvent frappée aux armes ou aux initiales des familles ou des producteurs, ses bords sont généralement vernissés de façon à empêcher les rongeurs d'y grimper.

Double page suivante.
Carte postale ancienne du mont des Oliviers, à Jérusalem.

Le symbole de la vie

ARBRE NOURRICIER ENTRE TOUS, l'olivier a donné naissance à de nombreux mythes. Dans l'Égypte ancienne, les feuilles d'olivier apparaissent dans beaucoup de peintures, symboles de la « couronne de justice » sur la tête de Toutânkhamon ; et la déesse Isis possédait le pouvoir d'enseigner la culture de l'olivier et les bienfaits de l'huile. Ramsès III (1198-1168 av. J.-C.), offrit une plantation d'oliviers au dieu Râ : « J'ai planté des oliviers dans ta cité d'Héliopolis avec des jardins et beaucoup de gens ; de ces plantes on extrait l'huile, une huile très pure, pour garder vivantes les lampes de ton sanctuaire. » Mais ce sont les Grecs qui nous racontent les plus belles légendes autour de l'olivier, comme celle de la fondation d'Athènes : la déesse Athéna et le dieu Poséidon se disputaient l'Attique. Athéna réussit à greffer le premier olivier

Près de Cadix, le taureau de Veterano Osborne, image emblématique de l'Espagne, semble veiller sur un olivier. Ces publicités étaient condamnées à disparaître, mais elles viennent heureusement d'être classées par le gouvernement espagnol !

Ces oliviers entretenus avec amour appartiennent à Paulin Donzet, habitant de Villeperdrix, un petit village des Baronnies. De variété « tanche », ils sont plantés sur un plateau fertile à l'abri de la montagne d'Angèle.

sauvage, et les dieux lui octroyèrent la victoire : la ville pris alors le nom de la déesse. Quant à Héraclès, héros de la mythologie grecque et fondateur des Jeux olympiques, l'histoire raconte qu'il planta son bâton dans le sol. Celui-ci se transforma en un superbe olivier dont il tressa les branches en couronne, récompense pour les vainqueurs.

L'OLIVIER ÉTAIT DANS TOUTE LA GRÈCE, entouré d'un respect religieux, et protégé par l'Aréopage. Ainsi, il était interdit d'en arracher plus de deux par propriété, et ceux-ci ne devaient être employés qu'à de nobles usages. Ceux qui enfreignaient ces règlements étaient punis d'une très forte amende, de l'exil, ou de la confiscation de leurs biens. Ornements des temples, on les brûlait sur les autels des dieux.

IL ÉTAIT AUSSI L'ARBRE DE LA RENAISSANCE : la colombe de Noé ne rapporta-t-elle pas un rameau d'olivier dans son bec ? Après le déluge de quarante jours et quarante nuits, l'olivier fut le premier arbre qui émergea des eaux, frais et vivant. La Genèse et la Bible regorgent d'histoires d'olivier : avant de mourir, Adam demanda pardon à Dieu par l'intermédiaire de son fils Seth. Ce dernier plaça trois graines prises à l'arbre du Bien et du Mal dans la bouche de son père, et après qu'Adam fut mis en terre, trois arbres poussèrent : un olivier, un cèdre et un cyprès.

L'HISTOIRE DE L'EXODE raconte que Yahvé demanda à Moïse de préparer l'huile de la « sainte onction ». Il mélangea de l'huile d'olive, de la myrrhe, de la cannelle, du sucre de canne et du cassis ; c'est avec cette huile que Moïse devrait oindre l'Autel, l'Arche d'alliance et ses Fils. Plus tard, les rois d'Israël sont eux aussi « sacrés » et l'huile leur donna pouvoir, puissance et sagesse, trois dons de Dieu. Au mont des Oliviers, dans le jardin de Gethsémani – en araméen, le pressoir à huile –, Jésus passa la nuit à prier avec ses disciples et l'on raconte que huit des oliviers qui virent Dieu vivent encore aujourd'hui.

SYMBOLE DE RENAISSANCE, DE PAIX, de vie toujours recommencée. L'Évangile nous rapporte également que le bon Samaritain secoura un homme qui avait été attaqué par des voleurs en versant « de l'huile et du vin dans ses plaies ».

À DROITE.
Fortement marqué
par l'empreinte de l'homme,
ce paysage méditerranéen
est typique de la Toscane,
avec ses vignes, ses oliviers
et ses cyprès.

PAGE 20.
En montant vers Caglayan
Köyü, un village turc habité
par d'anciennes familles
de nomades yuruk, on traverse
des paysages bibliques.

PAGE 21.
Passionné d'oliviers, Juan
Ramón Guillen, cache derrière
les portes de cette hacienda
du XVIIIe siècle une collection
unique d'oliviers rapportés
de tous les coins de la planète.

la vie de l'olivier

« L'OLIVIER EST LÀ, IL EST TOUJOURS LÀ. QUI LE TUERA UN JOUR ? LA FOUDRE AVEC SON ARME EN ZIG-ZAG DE FEU ? L'HOMME STUPIDE AVEC SA HACHE DE FER ? SI LA FOUDRE LE TOUCHE AU CŒUR, IL PEUT RESTER DEBOUT ENCORE UN SIÈCLE ; DEBOUT SUR LA MURAILLE RONDE DE SON ÉCORCE, AVEC LE MILIEU DE LUI DÉVORÉ PAR LE FEU DU CIEL. SI L'HOMME LE TAILLE EN PIÈCES, LE COUPE EN MORCEAUX, IL FAUDRA QUE LA HACHE, LE PIC, LA PIOCHE TRAVAILLENT DUR ET PROFOND POUR NE PAS OUBLIER, AU PLUS SECRET D'UN TROU DE CINQ MÈTRES DE TOUR, UN ÉCLAT DE BOIS QUI REJAILLIRA BIENTÔT EN VINGT TIGES NEUVES, UNE DE CES RACINES QUI SANS DOUTE PUISE SA FORCE AU CENTRE BRÛLANT DE LA TERRE. ET SON FEUILLAGE ÉCHE-VELÉ SERA LONG À POURRIR. ET IL CRIERA ENCORE COMME DES CHEVEUX VIVANTS QUAND ON LE FLAMBERA. ET IL FERA UNE SI BELLE FLAMME QU'ON AURA DES REMORDS. VOILÀ L'OLIVIER. »

Nans le berger, Thyde Monnier.

Un vieil olivier près de San Mateo, aux îles Baléares. Autrefois, tous les villages d'Ibiza possédaient un moulin, et les villageois se retrouvaient chaque année pour presser ensemble leurs olives. Cette coutume est malheureusement tout à fait abandonnée, malgré le nombre de vieux oliviers qui parsèment encore les campagnes.

La région de Jaén, en Espagne, est réputée pour la qualité de son huile. Ses paysages impressionnants font concurrence aux contrées andalouses.

Un arbre vieux de 37 000 ans

L'HISTOIRE DE L'OLIVIER se confond avec celle du Bassin méditerranéen. Les premières traces que l'on a de cet arbre datent de 37 000 av. J.-C., sur des feuilles fossilisées découvertes dans l'île de Santorin, en Grèce. On trouve aussi des traces de pollens en bordure du Sahara qui datent de 12 000 av. J.-C. L'arbre était donc là depuis fort longtemps et les dinosaures s'en sont sans doute régalés.

SI L'ON NE CONNAÎT PAS EXACTEMENT LE LIEU où l'homme commença à cultiver l'olivier, on s'accorde pourtant à reconnaître que dès 3 000 av. J.-C., les oliviers étaient cultivés dans le « croissant fertile » : la Phénicie, la Syrie et la Palestine. Vers 1 850 av. J.-C., cette culture s'établit en Grèce et se diffusera peu à peu dans tout le Bassin méditerranéen, depuis l'est vers l'ouest : tout d'abord l'Italie du Sud et la Sicile, l'Afrique du Nord, la Sardaigne, le Sud de la France et enfin l'Espagne. Cependant, Messire Couture, curé de Miramas, citait dans son *Traité de l'olivier,* paru à Aix en 1786, la Provence, « sa » Provence, comme terre natale de l'olivier ; il prétendait que les Grecs nous auraient simplement appris à le cultiver et à le faire fructifier.

AU XVIᵉ SIECLE, EN PARTANT DU BASSIN MÉDITERRANÉEN, l'olivier a traversé l'Atlantique à bord des caravelles espagnoles et portugaises. Il s'implanta alors au Pérou, au Chili, en Argentine et au Mexique. Des écrits conservés à Séville, datant de 1520, relatent que six récipients contenant de l'huile d'olive faisaient partie des marchandises en partance pour l'Amérique. D'autres datant de 1530 racontent que les bateaux se rendant aux Indes avaient l'obligation d'emporter quelques plants d'olivier et de vigne que les marins devaient laisser sur place. C'est au XVIIIᵉ siècle que cet arbre atteint la Californie, où sa culture est aujourd'hui de plus en plus intensive. Mais l'olivier, dans son acception traditionnelle d'arbre à fruits et à huile, est un arbre typiquement méditerranéen.

À DROITE.
Encerclées dans des hectares d'oliviers, les grandes propriétés proches de Florence sont souvent entourées de jardins raffinés à la française. Ceux de la villa di Maiano servent régulièrement de cadre aux mariages de la région.

DOUBLE PAGE SUIVANTE.
À côté d'Ostuni, dans les Pouilles, Rosalba et Armando Balestrazzi viennent d'acheter une masseria *dans laquelle était installé un immense* frantoio *(moulin à huile) entouré de soixante-douze hectares de terre. Leurs oliviers séculaires produisent, bon an mal an, une centaine de litres d'une excellente huile d'olive, appelée « Tre Colline ».*

Un climat de rêve

L'OLIVIER S'ÉPANOUIT EN SYMBIOSE PARFAITE avec le climat méditerranéen. Il aime ses étés chauds, parfois brûlants, sa pluviométrie très basse (220 mm en moyenne, la plus faible acceptée par un arbre fruitier), ses hivers doux dans le sud et plus frais dans le nord, où l'homme a su faire fructifier les variétés les mieux adaptées – celles qui aiment le gel. Un climat idéal court le long des côtes de cette mer presque fermée qu'est la Méditerranée. Mais l'olivier a su s'adapter sous d'autres cieux : il fleurit aussi désormais en Californie, en Amérique latine, en Australie et au Japon. Il trouve en ces contrées lointaines des conditions proches de celles de sa terre natale, un soleil puissant en particulier, et peut-être faudra-t-il, dans quelques siècles, compter aussi avec les productions de ces pays, patries d'adoption de l'olivier.

PAGES 29 À 33.
Juan Ramón Guillen
a implanté un conservatoire
de l'olivier unique au monde
dans sa propriété aux portes
de Séville. Cent deux sortes
d'oliviers prospèrent
dans son hacienda.

Les Pouilles sont réputées pour la diversité de leurs oliviers. À trente kilomètres de distance, les variétés sont extrêmement différentes. Entre le « cima di bitondo » du nord de Bari qui ressemble à un serpent, et les imposants « frantoii » et « leccini » du sud, il n'y a pas de commune mesure.

Une grande famille

« REGARDEZ DONC LA LUMIÈRE SUR LES OLIVIERS, ÇA BRILLE COMME DU DIAMANT. C'EST ROSE, C'EST BLEU... ET LE CIEL QUI JOUE AU TRAVERS, C'EST À VOUS RENDRE FOU. »
Auguste Renoir.

L'OLIVIER APPARTIENT À LA FAMILLE DES OLÉACÉES – comme le frêne, le troène, le lilas ou le jasmin – qui comporte trente espèces différentes. La principale est l'*olea europea*, baptisée ainsi par le célèbre savant suédois Linné, en raison de l'aire géographique où pousse cet arbre. Son cousin sauvage, *olea europea silvestris* (olivier des forêts), est un arbre nain, épineux, qui ne donne que peu d'olives contenant peu d'huile. *Olea* vient d'*oleum* qui signifie huile en latin. Et l'on ne saurait écrire *oleum olea* : huile d'olive d'olive...

VINCENT VAN GOGH ÉCRIT À SON FRÈRE THÉO, le 29 avril 1889 : « Ah, mon cher Théo, si tu voyais les oliviers à cette époque-ci... Le feuillage vieil argent et argent verdissant contre le bleu. Et le sol labouré orangeâtre... C'est quelque chose de tout autre que ce que l'on pense dans le Nord... C'est comme les saules ébranchés de nos prairies hollandaises ou les buissons de chênes de nos dunes. Le murmure d'un verger d'oliviers a quelque chose de très intime, d'immensément vieux. C'est trop beau pour que j'ose le peindre ou puisse le concevoir. » Toute l'histoire de cet arbre de légende tient dans ces quelques lignes. On reconnaît en effet un olivier à sa silhouette si particulière : un tronc sec, souvent torturé, au pied duquel émergent de nombreuses racines. À son fait, une touffe de feuilles, vertes sur une face et grises sur l'autre, qui donnent à cet arbre un visage changeant en fonction du vent. Certes, il n'a pas la droiture d'un peuplier, la force d'un platane ou la majesté d'un chêne. Il ressemble à un dessin d'enfant, naïf et mal assuré. Cependant, l'olivier est d'une vitalité incroyable, nourri par ses myriades de canaux arachnéens, cherchant toujours plus loin les minuscules gouttes d'eau que la terre renferme au plus profond. Après le gel de 1956, dans

Extrêmement bien entretenus, les troncs des oliviers de Juan Ramón Guillen sont tous chaulés et étiquetés. Certains donnent des olives plus grosses qu'une pomme, d'autres des fruits de la taille

le Sud de la France, les oliviers ont noirci, leurs branches se sont cassées, leurs feuilles sont tombées. Les paysans, la mort dans l'âme, attendaient la belle saison pour couper leurs arbres et les stocker, comme un vulgaire bois de chauffe. Quelle ne fut pas leur surprise de voir, au printemps suivant, des rameaux pousser çà et là, se faufiler entre des planches disjointes, se mêler aux plants de tomates dont ils étaient les tuteurs... Véritables phénix renaissant de leurs cendres.

ARBRE ROBUSTE DONC, l'olivier pousse sur tous les types de terrains, qu'ils soient calcaires, rocailleux, arides, voire désertiques, bien ancré dans le sol grâce à ses profondes racines. Le climat méditerranéen lui convient parfaitement : lumière, soleil, chaleur supérieure à 15 °C. Toutefois, pour porter des fruits, il doit être exposé pendant de courtes périodes à des températures égales ou inférieures à 0 °C. Il résiste aux premières gelées mais supporte mal le véritable gel en deçà de - 7 °C, la trop grande humidité et les sols mal drainés. De même, les averses printanières trop fréquentes nuisent à sa floraison : il perd beaucoup de fleurs et ne donne que très peu de fruits...

SA LONGÉVITÉ EST EXTRAORDINAIRE et il peut être plusieurs fois centenaire. Certains oliviers d'Afrique du Nord sont âgés de plus de mille ans, tout comme l'olivier de Roquebrune-Cap-Martin qui chaque année se voit offrir une fête païenne, abondant de chants et de guirlandes, et qui reçoit la bénédiction du curé du village.

AUTOUR DE MARSEILLE on trouve trois autres oliviers célèbres : celui de Ceyreste, dont le tronc peut donner asile à vingt personnes et que l'on dit âgé de mille ans, le deuxième est le doyen du Pas et le troisième étend ses rameaux à 16,50 mètres du tronc.

SI LE TRONC DE L'OLIVIER SE DESSÈCHE et que la sève ne peut plus nourrir les branches, il va se reproduire par la base, en lançant des rejets très vivaces autour des racines : un autre olivier naîtra. Pour être productif, l'olivier a besoin des soins de l'homme. Abandonné à la vie sauvage, en une vingtaine d'années, il produit beaucoup moins de fruits. Mais si l'homme lui prodigue à nouveau ses soins, il se remettra à fournir abondamment.

Le choix d'une terre

L'OLIVIER SE COMPOSE D'UN TRONC, la pile centrale ; de branches basses, les charpentières ; et de branches hautes, les secondaires. Ses feuilles ont une durée de vie de trois ans, et sont régulièrement remplacées par de nouvelles. Son tronc est lisse et gris lorsqu'il est jeune ; en vieillissant, il devient foncé, rugueux, tordu et noueux.

LA VIE DE L'OLIVIER SE DÉROULE AINSI : de un à sept ans, l'arbre s'installe sans produire. De sept à trente-cinq ans, il grandit et produit de façon constante ; le diamètre de son tronc atteint alors cinquante centimètres de diamètre environ. De trente-cinq à cent cinquante ans, il arrive à sa pleine maturité et produit de manière régulière. À partir de cent cinquante ans, il vieillit lentement et son rendement diminue ; ses branches charpentières meurent et le plus souvent, le tronc éclate.

LA SAGESSE PAYSANNE RACONTE QUE « qui laboure ses oliviers les prie de donner du fruit, qui les fume, le demande ; qui les taille, l'exige ». Depuis des millénaires, l'homme sait qu'il doit prendre soin de cet arbre miraculeux s'il en espère une production abondante.

AUTREFOIS, on disait qu'il fallait trois générations pour profiter d'un olivier : le grand-père le plantait, le père le taillait et le fils récoltait les olives et faisait l'huile. Aujourd'hui, les progrès scientifiques et techniques ont permis à l'olivier de produire dès l'âge de cinq ans. On a également appris à le couper afin qu'il ne dépasse pas dix mètres de hauteur et que la cueillette soit ainsi plus facile – un arbre non taillé peut en effet atteindre jusqu'à vingt mètres.

LONGTEMPS, la culture de l'olivier a été associée à celle de la vigne ou des céréales ; ainsi, dans le même champ alternaient pieds de vignes, rangées de céréales et lignes d'oliviers.

AUJOURD'HUI, les oliveraies ne sont plus constituées que de lignes d'oliviers, en plaines, coteaux ou terrasses. Dans les cultures intensives, on trouve jusqu'à quatre cents arbres

à l'hectare, alors que la culture traditionnelle va de cinquante à cent cinquante arbres maximum, et peut être comme autre-fois associée à d'autres cultures.

LE CHOIX DU LIEU EST IMPORTANT. On sait aujourd'hui que la lumière du soleil est primordiale, et en altitude, il faut choi-sir les versants en fonction du soleil hivernal. L'altitude idéale est de trois cents mètres, bien qu'en Méditerranée les oliviers poussent parfaitement à mille mètres, s'ils sont bien exposés et protégés. Mais il faut toujours se méfier des sautes d'humeur de l'hiver... Si les sols sont différents, ils doivent toujours être bien drainés et se réchauffer facilement au soleil comme les sols caillouteux aérés. Dans les zones arides, le sol doit être profond afin que les racines puissent aller chercher les nutri-ments nécessaires ; ainsi, à Sfax, en Tunisie, elles s'enfoncent jusqu'à six mètres de profondeur.

DOUBLE PAGE SUIVANTE.
La mer Égée est bordée
de plusieurs hectares d'oliviers.
Les habitants du petit port
de Cunda vivent exclusivement
des produits de la pêche
et de la culture des olives.
Sur le port, filets de pêche
et sacs d'olives se côtoient,
tandis que dans les restaurants,
les poissons frais sont servis
arrosés d'un filet d'huile
d'olive.

Une culture soignée

ARBRE EXTRÊMEMENT VIVACE, l'olivier peut être planté de diverses manières : par semis, boutures, ou greffes.

LE SEMIS DE NOYAUX est le plus simple des moyens de multiplication. Mais pour qu'un noyau donne un olivier, il doit subir une longue préparation : après avoir été lavé à la soude diluée d'eau puis rincé et conservé jusqu'à dix-huit mois, il est ensuite mis en terre en automne, peu profondément. Si la température est clémente (de 9 à 15 °C), les germes apparaissent trois ou quatre mois plus tard. L'inconvénient de cette méthode est que l'enfant n'est jamais le portrait de sa mère, et que la greffe sera indispensable !

*Ces oliviers ont été plantés il y a une quarantaine d'années dans une région de volcans et de lacs du nord de Rome. Ces **canini** donnent une huile excellente, verte et très fruitée.*

*À Vetralla, Anna et Mario sont agriculteurs. Leur terre est plantée de noisetiers, de pêchers, de vignes et de cent quarante oliviers. Principalement plantés en **canini**, leur taille s'effectue entre janvier et avril. Après la cueillette, leurs olives sont pressées dans une coopérative de la région.*

LE PRINCIPE DU BOUTURAGE est de mettre en contact des boutures attenantes à un morceau de bois avec une solution hormonale. Après quelques mois de serre, les jeunes plants sont élevés en plein champ. L'avantage de ce système est que le plant a toutes les caractéristiques de la plante mère et ne nécessitera donc aucune greffe.

LA GREFFE consiste à insérer dans une plante un bourgeon ou un plant, de façon à obtenir un nouvel arbre qui additionne les qualités de deux variétés d'oliviers. Cette technique est également utilisée pour soigner un arbre victime d'un incendie, du gel, ou en partie détruit. Une ligne invisible sépare les arbres en deux, et l'influence du greffon se fait sentir vers le haut, vers ce qui pousse ; ainsi, si l'on scie l'arbre sous la greffe,

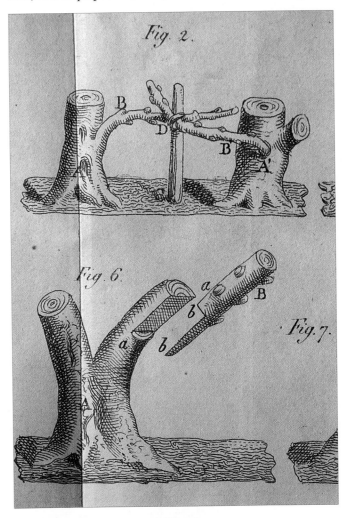

Planche gravée extraite d'un traité italien sur la culture de l'olivier, datant du début du XIXᵉ siècle. En haut, le bouturage, en bas, la greffe.

Tuteur improvisé
pour un olivier des Pouilles.
Non loin de là, on peut visiter
des grottes qui étaient habitées
au Xe siècle. On retrouve
encore parfois des presses
à olives en parfait état.
Les propriétaires des masserie
les ont utilisées comme moulins
et comme dépôts agricoles
jusqu'au XIXe siècle.

c'est l'arbre ancien qui reprendra vie et non l'arbre greffé. De même, un rameau pris au-dessus de la greffe donnera un nouvel arbre. On greffe donc les oliviers jeunes.

LES ROMAINS NOUS ONT LONGUEMENT EXPLIQUÉS comment entretenir une oliveraie afin qu'elle soit parfaitement productive. Les soins qu'ils apportaient à cette culture sont restés les mêmes : drainage de la terre, labours – aujourd'hui en automne et au printemps –, irrigations – par aspersion ou goutte à goutte –, engrais.

LA TAILLE DE L'ARBRE est également primordiale. Il en existe deux types : le premier vise à donner sa forme à l'arbre en supprimant les rejetons ; cela s'appelle « conduire » l'arbre, opération inconnue des anciens qui nous ont laissé des arbres tout en hauteur. Le second tient au rythme de l'arbre qui permet de régulariser le cycle de production, car l'olivier a ceci de particulier qu'il ne produit bien qu'une année sur deux.

LES OLIVIERS PEUVENT SOUFFRIR DE QUATRE MALADIES, ce qui implique des soins attentifs. Le noir de l'olivier est un champignon qui recouvre les feuilles d'une sorte de poussière noire, ce qui les asphyxie ; autrefois, on devait abattre et brûler les oliviers atteints ; on les traite aujourd'hui par des pulvérisations à base de cuivre. Un autre champignon, l'œil de paon, s'attaque aux feuilles sur lesquelles apparaissent des tâches circulaires de coloration brune, jaune et verte, semblables à des plumes de paon ; il est lui aussi éliminé chimiquement. Quant à la cochenille noire, elle apparaît sous forme de colonies d'insectes qui pompent la sève de l'arbre. Affaibli, l'arbre peut se défolier complètement. Il est donc important d'éliminer les larves au stade « baladeur », entre mars et mai. Le traitement chimique a été remplacé, dans le Midi, par l'introduction d'insectes prédateurs et de certaines coccinelles en particulier !

Ce cabanon est installé le long de la mer Égée. C'est ici que les agriculteurs-pêcheurs rangent les produits de leur récolte et se reposent après la pêche.

Les vergers des Baronnies sont des vergers îlotiers, petites parcelles presque toujours plantées de la variété tanche. Il n'y a pas de paysages spectaculaires dans la région de Nyons, car les oliviers ont été décimés par le gel en 1956.

de l'arbre au pressoir

Une fleur délicate

APRÈS UN LONG HIVER où il est endormi, l'olivier s'éveille dès avril. Des bourgeons apparaissent sur les branches ayant poussé l'année précédente, et de nouvelles pousses vont grandir jusqu'en octobre : ce sont ces rameaux qui porteront des fruits l'année suivante. Ce décalage explique la difficulté de la taille qui doit être effectuée de l'intérieur vers l'extérieur, et du haut vers le bas, sans abîmer les nouvelles branches, porteuses des prochains fruits. C'est la réussite de la taille qui assure la prospérité de l'arbre.

D'AVRIL À JUIN, selon les pays – et la chaleur –, l'olivier se couvre de minuscules fleurs blanches qui éclosent en grappes de huit à vingt fleurs. Cette floraison ne dure que de deux à trois semaines, durant lesquelles les arbres passent de l'argenté au nacré. Mais pour vingt fleurs écloses, une seule olive naîtra.

Selon les climats, l'olivier fleurit aux alentours de mai et juin, durant une quinzaine de jours seulement. Sa fleur est formée d'une corolle jaune et blanche peu apparente. Sa pollinisation est due aux vents et non aux insectes, ce qui explique qu'elle peut facilement passer inaperçue. Si la floraison est abondante, très peu de fleurs sont fécondées.

L'olive est une drupe à pulpe charnue. Elle comprend l'épicarpe, la peau du fruit ; le mésocarpe, la pulpe ; et l'endocarpe, le noyau qui contient l'amande. Ses variétés sont innombrables. Dans son ouvrage datant du début du XXe siècle sur les olives françaises, le botaniste Ruby en dénombre une centaine.

Un fruit magique

UNE FOIS LES FLEURS FANÉES, les petits boutons apparaissent, de la taille d'une tête d'épingle. Ils grossissent peu à peu – c'est la « nouaison » – et le cœur de la fleur, l'ovaire, se transforme bientôt en noyau autour duquel se développe la pulpe du fruit. Cette dernière grandit pendant tout l'été et devient une « drupe » charnue. L'été est la saison durant laquelle l'arbre, soumis à de longues périodes de chaleur et de sécheresse, ralentit son cycle. C'est la saison où les longues racines de l'olivier vont chercher loin dans le sol l'eau, indispensable source de vie.

LE MOMENT OÙ L'OLIVE PASSE du vert acidulé au vert tendre se nomme la « véraison » : la lipogénèse, transformation en huile des acides et des sucres du fruit, se réalise enfin. L'olive atteint sa taille normale vers octobre. Avant d'arriver à maturité, elle est verte, puis elle devient violette et enfin noire. La coloration se fait de l'extérieur vers l'intérieur du fruit. Sa composition varie elle aussi : plus le temps passe, plus l'olive s'enrichit en huile. Elle atteint de 15 à 35 % d'huile à maturité complète : « À la Sainte-Catherine, on dit que l'huile est dans l'olive, on va faire la cueillette », écrit Jean Giono. C'est donc vers le 25 novembre, dès les premiers froids, que commence la récolte.

Les agriculteurs du nord de Bari utilisent ces petites cases coniques pour ranger récoltes et outils. Comme les murets qui séparent les champs, elles ont été construites a seco, avec des pierres ramassées dans la campagne.

*Chaque pays possède
son propre type de contenant.
En Provence, ce sont des petits
paniers en osier tressé, les
« panié ». Ils sont suspendus
à la ceinture des cueilleurs.*

SELON LES VARIÉTÉS, les olives sont de formes et de tailles variables. Peau et pulpe sont solidement attachées l'une à l'autre, ainsi que la pulpe au noyau. Celui-ci, très dur, est de forme fuselée et finement strié longitudinalement ; il contient deux amandes huileuses. Les olives vertes sont solidement attachées à leurs rameaux, alors qu'elles se détachent facilement une fois mûres.

AU SIÈCLE DERNIER, on dénombrait plus de quarante variétés d'olives pour la seule région niçoise. Aujourd'hui, il en reste deux principales : la « nustral » (qui signifie la nôtre, de notre pays) et la « verdale ». Mais après dix ans d'observations et d'expérimentations diverses, les chercheurs français ont mis au point vingt clones. Parmi les plus célèbres, on trouve :

– LA SALONENQUE de Salon-de-Provence, qui donne les délicieuses olives cassées au fenouil, spécialité de cette ville ;

– LA PICHOLINE, qui malgré son surnom de « petite » est grosse et charnue. Elle doit son nom aux frères Picholini, qui sous le règne de Louis XV inventèrent, entre Saint-Chamas et Miramas, la technique pour ôter l'amertume des fruits en les laissant longuement tremper dans une solution alcaline de cendres de bois ;

– LA GROSSANNE de la vallée des Baux, gros fruit rouge et pulpeux ;

– LA TANCHE, unique variété cultivée à Nyons et dans les Baronnies ;

– LA VERDALE des Bouches-du-Rhône, à ne pas confondre avec celle de Carpentras, poussant sur l'olivier aux longues branches tombantes dit « saule pleureur » ;

– LA BERRUGUETTE, appelée aussi aglandau, blanquette ou verdale de Carpentras, qui se retrouve dans les Bouches-du-Rhône, les Alpes de Haute-Provence, le Vaucluse et le nord du Var ;

– LE CAILLETIER ou minuscule olive de Nice ;

– LA LUCQUES qui vient d'Italie.

Toutes sont de délicieuses olives de table ou à huile.

*En Andalousie, sur les six cents
hectares que possède la famille
Nuñez de Prado, la cueillette
se déroule de mi-novembre
à mi-février. Leurs variétés
d'olives sont des picudo
et pical d'un beau noir
violacé. Elles ont été cueillies
à maturité.*

Une cueillette dans la tradition

LA RÉCOLTE – « LES OLIVADES » – DÉBUTE fin septembre pour les variétés précoces et la cueillette des olives de table : c'est la « récolte en vert ». Elle dure jusqu'à fin février pour les variétés tardives. Mais la date exacte de la récolte varie d'une région à une autre, d'une année à l'autre, et parfois même au sein d'une même oliveraie. Les olives cueillies pour la confiserie doivent être parfaites, d'une chair abondante, et doivent contenir le maximum de sucre. Celles destinées à l'huile doivent avoir atteint le juste degré de maturité.

LE GESTE DE LA CUEILLETTE a traversé les millénaires. Il existe trois techniques : cueillir les olives à la main, gauler l'olivier pour faire tomber les olives dans des filets tendus au-dessus du sol, ou ramasser les fruits tombés à terre. Les Grecs de l'Antiquité connaissaient ces trois techniques mais préféraient le gaulage et le ramassage alors que les Romains préconisaient la cueillette à la main.

LA CUEILLETTE À LA MAIN ne s'improvise pas. Il faut trouver le geste juste pour détacher le fruit sans le maltraiter et ne pas être gêné par son panier – « lou panié » – d'osier tressé attaché à la taille, surtout lorsqu'on grimpe sur un chevalet

Cette photo de cueillette prise dans les années 1920 est présentée au petit musée de l'Olivier de Nyons.

L'olive est le fruit de l'hiver, comme l'affirment les proverbes provençaux : « Pour Toussaint l'olive à la main. Pour Noël, l'huile nouvelle. »

48

DOUBLE PAGE PRÉCÉDENTE.
En février, à Ayvalik,
en Turquie, on peut assister
à la dernière cueillette
de l'année. Même ici,
la main-d'œuvre est difficile
à trouver : on est allé chercher
les cueilleurs dans les villages
avoisinants, à deux heures
de route en camion. À chacun
son rôle : les femmes accroupies
habillées en salvar *(pantalons*
bouffants colorés) ramassent les
olives, tandis que les hommes
les gaulent et les rassemblent.

pour atteindre les plus hautes branches. Ce chevalet – « lou cavalet » – est une échelle à trois pieds, fabriquée par des fusiers, les artisans du bois en Provence, qui étaient une dizaine dans les années 1950 et dont le dernier, Pierre Roux, est aujourd'hui à la retraite. Les paniers sont vidés dans des corbeilles posées au sol. Cette technique, longue et contraignante, semble être cependant la plus efficace, celle qui respecte le plus le fruit et qui, par conséquent, donnera la meilleure des huiles.

ON PRATIQUE AUSSI LA « PEIGNADE » : on peigne, avec ses doigts ou à l'aide d'un peigne flexible spécialement fabriqué, le rameau chargé de fruits. En Tunisie, on pratique encore cette technique antique qui consiste à recouvrir chaque doigt de corne de chèvre pour peigner les branches ; cette méthode a même donné son nom à une variété d'olivier, le *cornicabra*.

LE GAULAGE consiste à gauler, avec une longue perche, les olives accrochées aux rameaux. Cette opération très délicate doit être effectuée habilement, pour ne pas abîmer les jeunes rameaux qui donneront des fruits l'année suivante. Le gaulage s'effectue de l'intérieur vers l'extérieur de l'arbre et les

Devant cette maison
de la région d'Akhisar,
une femme turque range
soigneusement les paniers
en osier destinés à la cueillette
des précieuses olives.
Deux à trois mille oliviers
sont nécessaires pour permettre
à une famille turque de vivre
de sa récolte.

À DROITE.
Il y a cinq formes de récolte
manuelle en Toscane.
1- La brucatura *:*
les cueilleurs montent
sur des échelles un panier
attaché à la ceinture.
2- La scrollatura *: on secoue*
l'arbre à la main, et les olives
tombent sur une grande toile
étendue sous l'arbre.
3- La pettinatura *consiste*
à passer avec un peigne
en bois les rameaux.
4- La bacchiatura,
qui s'apparente au gaulage :
les branches sont secouées
avec des perches à gauler,
de manière à faire tomber
les olives sur de grandes toiles.
5- La raccattura, *moins*
rationnelle, : la récolte des
olives tombées spontanément.
Les premières olives à arriver
à maturation en Toscane
sont les leccini *et les* moraioli.
Les frantoii *mûrissent*
plus tardivement.

Au domaine de Taquinas, en Andalousie, les Nuñez plantent des oliviers à un seul tronc, séparés les uns des autres de sept mètres environ. Leur petite taille facilite la récolte et le contrôle de la qualité des fruits. Toutes les cueillettes sont effectuées à la main. Les olives qui sont au sol sont vendues à d'autres huileries.

fruits tombent sur des toiles suspendues au-dessus du sol, qui sont de nos jours souvent des filets de nylon. Les olives doivent ensuite être « ventées », c'est-à-dire débarrassées des feuilles et des brindilles.

DANS LA CAMPAGNE FLORENTINE, on découvre des oliviers dont le tronc est entouré d'une large jupe de soie accrochée aux branches : il s'agit en fait d'une toile de parachute aux couleurs vives et variées, qui récupère les olives tombées de l'arbre. Aucune perte, aucun dommage pour les fruits, et un joli recyclage pour ces toiles inutilisables après un certain nombre de vols.

UN BON CUEILLEUR ramasse huit à dix kilos d'olives à l'heure, soit au maximum cent kilos par jour. Cette main-d'œuvre chère entre pour 50 % dans le prix de vente de l'huile. Aussi a-t-on imaginé des techniques de récolte mécaniques, effectuées par des machines qui décrocheraient les fruits de l'arbre sans l'abîmer. Mais ces machines qui font vibrer les arbres n'en sont encore qu'à leurs balbutiements. On teste aussi des systèmes de ramassage mécanisés comme les balayeuses ou les aspirateurs. Les résultats ne sont pas encore vraiment satisfaisants, ces machines abîmant les fruits. De plus, les oliveraies capables de faire appel à ces techniques sont peu nombreuses car seules les cultures implantées récemment, aux larges allées régulières, permettent le passage des machines entre les rangées d'arbres.

DANS DES CIRCONSTANCES NORMALES, la densité des plantations varie de cent à deux cent cinquante arbres à l'hectare. Le rendement d'un arbre varie en fonction de sa taille et des conditions climatiques. La production peut atteindre jusqu'à cent cinquante kilos par an mais la moyenne se situe entre quinze et cinquante kilos. Et pour obtenir un litre d'huile, il faut en moyenne de quatre à cinq kilos de fruits.

AUTREFOIS, en Provence, se déroulait en fin de récolte le « repas des olivades », autour d'un gigantesque aïoli que l'on confectionnait en prenant une petite avance sur l'huile à venir. On offrait aux ouvriers la « roustido dou moulin », tranche de pain frottée d'ail et d'anchois, nappée d'huile tout juste pressée et grillée au four.

Beaucoup de superbes fincas isolées parsèment la région qui s'étend de Baena à Cordoue. En raison du manque de travail et de la sécheresse, la plupart d'entre elles sont inhabitées.

Un fruit à croquer

CERTAINS AMATEURS PRÉFÈRENT LA PETITE NOIRE DE NICE, d'autres la grosse de Kalamata. D'autres encore ne jurent que par les espagnoles de Séville ou les grises du Maroc... Bref, il y a des olives pour tous les goûts. Les vertes les plus célèbres sont la picholine, la lucques venue d'Italie, la salonenque de Salon-de-Provence et plus confidentiellement, la belgentiéroise qui pousse dans le Var, et l'amellau, répandue dans l'Hérault, à la forme en amande. Les noires célèbres sont la tanche, dite aussi olive de Nyons ou de Carpentras, le caille-tier ou olive de Nice et la grossanne, localisée dans la vallée des Baux. La production française étant insuffisante (environ 3 000 tonnes pour une consommation de 25 000 tonnes), nous en importons en grande quantité. D'Italie, l'ascolane, grosse olive verte en saumure, la gaeta, petite olive fripée à l'huile d'olive, la liguria, brune ou noire, très goûteuse... D'Espagne, la très grosse gordial en saumure. De Grèce, la célèbre kala-mata, lisse, fendue, en forme d'amande, en saumure douce.

LE PRINCIPE DE LA CONFISERIE DES OLIVES est immuable : il consiste à en retirer l'amertume et à assurer leur conservation. Les recettes familiales, transmises de génération en généra-tion, restent simples : rinçage à l'eau pure puis trempage en saumure, nature ou additionnée d'aromates, pour les olives vertes entières ou cassées ; rinçage et conservation en saumure ou simplement en jarres, avec du sel fin, pour les noires entières ou simplement piquées. Ces techniques ont été éprouvées par les industriels de l'olive, sans adjonction de conservateur, par simple pasteurisation.

LES OLIVES VONT D'ABORD ÊTRE TRIÉES à la main, et l'œil est important pour ce travail. On élimine les fruits non matures ou abîmés ; quant aux trop petits, ils sont destinés à la pré-paration de l'huile. Les autres passent dans une calibreuse. À Nyons, les olives de plus de 18 mm de diamètre deviennent les olives « extra », celles de 16 à 18 mm sont les « numéro 1 » et celles de 14 à 16 mm, les « numéro 2 ». Elles sont alors stoc-kées pendant cinq mois dans d'immenses cuves en fibre de

Chez Nuñez de Prado, les olives sont ramassées sur l'arbre et posées dans un couffin de sparte entoilé, attaché autour du cou des cueilleurs. Dès le mois de mars, on peut goûter l'huile nouvelle.

56

verre, dans une saumure à 10 °C, afin de perdre leur amertume. Au bout de ces cinq mois, elles sont égouttées et laissées vingt-quatre heures à l'air libre et à température ambiante, afin d'acquérir une légère oxydation. Après un court repos en chambre froide, elles sont conditionnées en bocaux, sous vide, ou en saumure. Les olives cassées des Baux sont d'abord cassées d'un coup de maillet qui va légèrement écraser leur chair, puis elles trempent huit jours dans un bain d'eau pure, régulièrement remplacé, et pour finir dans une saumure additionnée de fenouil. Fragiles, ces olives doivent être consommées dans les six mois suivant leur fabrication. Les olives dites « à la grecque » sont simplement piquées de nombreux coups d'épingle puis rangées en fûts, en couches alternées avec du sel fin. Chaque jour, elles sont remuées afin que le jus rendu s'écoule. Elles sont ensuite vendues telles quelles ou encore préparées à l'huile, aux herbes ou aux aromates.

Stockées dans d'immenses cuves, ces olives de Toscane attendent d'être broyées.

« ... L'HUILE FORTE, VERTE, DONT L'ODEUR DISPENSE DE LIRE *L'ILIADE* ET *L'ODYSSÉE* ! »
Jean Giono.

Les olives sont là, « brutes de verger ». C'est l'heure de la transformation : certaines iront à la conserverie, d'autres à la fabrication de l'huile. Cette huile, pur jus de fruit, naturelle, est extraite de manière entièrement mécanique, contrairement aux techniques d'extraction des autres huiles végétales qui ont besoin d'être raffinées.

De la meule de pierre aux moulins modernes

TROIS OPÉRATIONS sont nécessaires à l'extraction de l'huile :
– DÉTRITER les olives, c'est-à-dire briser leur peau et leur pulpe afin de libérer l'huile qu'elles contiennent ;
– PRESSURER ensuite la pâte obtenue pour extraire le maximum d'huile ;
– DÉCANTER l'huile, c'est-à-dire séparer le précieux liquide de l'eau de végétation amère et des fragments de fruit qu'il peut contenir.

LES PREMIERS PROCÉDÉS d'extraction étaient assez rudimentaires. Ainsi, en Syrie, à la fin du XIXᵉ siècle, on pilait les olives dans un mortier puis la pâte obtenue était placée dans une jarre en terre. On y ajoutait de l'eau chaude en triturant à la main. L'huile, plus légère, surnageait et on la ramassait avec la paume des mains, ou à la feuille, petit ustensile presque plat. Cette même technique était utilisée par les Hébreux pour la préparation des huiles sacrées.

DES MÉTHODES SEMBLABLES étaient pratiquées par les Grecs anciens. Des textes font allusion aux *kroupetzai*, sandales de bois qui servaient à fouler les olives, exactement comme les raisins. L'ethnologue Camille Lacoste-Dujardin raconte ce procédé primitif encore pratiqué par les femmes des montagnes algériennes : les olives sont grossièrement écrasées par une meule de pierre que deux femmes se renvoient. Les noyaux sont éliminés puis la pulpe est foulée aux pieds avec addition d'eau. Elle est ensuite triturée puis malaxée avec de l'eau, jusqu'à ce que l'huile surnage. Le village où cette technique a été observée possédait pourtant un moulin, mais l'huile ainsi extraite était plus appréciée. On a aussi observé en Corse une autre technique : les olives enfermées dans des sacs de jute posés au fond d'une auge sont foulées aux pieds. Le sac est ensuite tordu par deux personnes et l'huile s'écoule dans l'auge. Ce système de « pressoir à torsion » est lui aussi connu depuis la plus haute Antiquité puisqu'on le retrouve sur les fresques égyptiennes. Il est encore utilisé dans certaines régions reculées d'Anatolie.

Ce moulin a été installé au XVIᵉ siècle dans une grotte étrusque au village de Civita di Bagno Regio. Les Fabi et les Rocchi y ont été maîtres de moulin jusqu'en 1945. Aujourd'hui considéré comme une curiosité, on peut le visiter.

En 1878, le moulin de la Madeleine, en très mauvais état, avait été acheté par César Martin. Aujourd'hui, il fonctionne toujours grâce à Ludovic Alziari, son petit-fils, qui y travaille depuis plus de soixante-dix ans.

Ces techniques ont été rapidement améliorées, donnant naissance aux premiers moulins à huile. Ils contenaient un broyeur, une presse et des bassins de décantation, aujourd'hui remplacés par des centrifugeuses.

Le broyage, appelé aussi triturage, consiste à déchirer les cellules des olives afin d'en extraire l'huile. Les noyaux, écrasés en même temps que la pulpe, participent à une bonne composition de la pâte. Très tôt, on a choisi la pierre. Celle-ci était façonnée en meule : pierre ronde manœuvrée à la main, pierre cylindrique ou conique et même cannelée comme en Syrie et en Afrique au temps des Romains. Vint ensuite la *mola olearia*, meule cylindrique qui tourne sur elle-même dans la cuve pleine d'olives. La plus ancienne a été trouvée dans la ville grecque d'Olynthe, détruite en 348 av. J.-C. Puis le *trapetum*, cité par Caton et retrouvé à Pompéi : deux orbes semi-cylindriques posés à la verticale et reliés par un arbre horizontal écrasent les olives sur les parois d'un mortier. Le moulin tournait, tiré par des animaux : bœuf, âne ou chameau, selon les latitudes ; c'était le « moulin à sang », utilisant la force de travail des animaux, dont l'usage dura jusqu'au XIXᵉ siècle, même si à partir du XVIIᵉ on a cherché à améliorer les rendements en utilisant plusieurs meules.

Une fois malaxée, la pâte d'olive, très élastique, devait être fractionnée. C'est le système des « scourtins » qui a le plus souvent été retenu. Ces larges disques – généralement faits de chanvre tressé, mais aussi de sparte, fibre qui pousse en Espagne, ou de fibre de coco – peuvent contenir jusqu'à six kilos de pâte d'olive régulièrement répartie. Empilés puis soumis à une pression calculée, ils laissaient passer les liquides qui tombaient à l'intérieur des presses. En France, aujourd'hui, les scourtins ne sont plus fabriqués qu'à Nyons et ne servent qu'à quelques moulins, ou à la décoration, devenant de magnifiques tapis multicolores.

L'huile écoulée des scourtins est mêlée aux margines, eaux de végétation amères contenues dans le fruit. La séparation huile-eau se faisait autrefois dans de grands bassins de pierre, les bassins de décantation, en trois fois au moins : c'était

Respect des traditions chez Nuñez de Prado : le cellier date du XVIIIᵉ siècle, les presses de 1914, et le coin bureau n'a pas changé depuis les années 1930, avec sa vieille machine à écrire Smith Premier sur laquelle veille la photo de Francisco Nuñez de Prado.

À DROITE ET PAGE SUIVANTE EN HAUT. À la Fábrica de Santa Lucia, l'huile extraite à froid repose dans seize puits communiquant aux parois recouvertes de carreaux de faïence émaillée. L'huile et l'eau ont un poids spécifique différent. Avec le temps, l'huile remonte à la surface et se sépare de l'eau de végétation que l'on recueille dans le fond du récipient. Cette méthode de décantation naturelle et artisanale n'a pas changé depuis 1795, année où les Nuñez de Prado ont décidé de se consacrer à la production d'une huile d'olive extra vierge de qualité.

l'« enfer ». Suivait le « paradis » : la mise en jarre de l'huile enfin pure et naturelle. L'huile de décantation était utilisée pour faire fonctionner les lampes à huile ou pour les savonneries, le plus souvent associées aux moulins.

LES ANIMAUX OU LES HOMMES ont été remplacés par l'électricité les matériaux ont changé, mais le principe reste le même. Dès 1930, on a essayé en Algérie le système de la centrifugeuse, mis au point par des ingénieurs français, Walsh et Blachier. L'Italie a été le premier pays convaincu et aujourd'hui, ce sont des machines fabriquées en Italie à partir de brevets suédois qui sont mises en place dans les usines. Une fois les olives lavées, elles passent dans un broyeur à écartement réglable (procédé connu en Italie depuis plus d'un demi-siècle), ou entre des boules de métal ou des lames hélicoïdales. La pâte obtenue est malaxée environ trente minutes, jusqu'à ce qu'elle soit très onctueuse et que l'huile flotte. Cette opération se fait à 25-30 °C maximum. La pâte est ensuite placée dans un décanteur centrifuge qui sépare liquide et solide. Le liquide, mélange d'eau et d'huile, va passer dans une centrifugeuse qui sépare huile et eau. Stockée dans des cuves émaillées, l'huile n'aura plus qu'à être embouteillée.

DOUBLE PAGE SUIVANTE.
*Cette magnifique orciaia
(cave) est située sur la commune
de San Casciano à la Fattoria
delle Corti. Elle ne possède
pas moins de quarante-cinq
jarres qui ont été réalisées
au XVIIIe siècle par Mariano
Riccieri à Impruneta.
C'est ici qu'est conservée
une des meilleures huiles
d'olive du Chianti : l'huile
« Principe Corsini ».*

*À Saint-Rémy-de-Provence,
on se retrouve au moulin.
C'est le dernier salon où l'on
cause, un lieu de grande
convivialité. Il n'est pas rare
de faire griller un morceau
de pain sur la chaudière
à grignons et d'y goûter
la nouvelle huile accompagnée
d'un petit verre de rosé.*

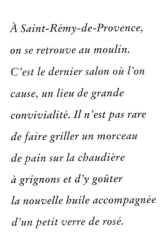

*À DROITE.
Dans son entrepôt accolé
au moulin de la Madeleine de
Nice, Ludovic Alziari parle des
oliviers comme de ses enfants.
Il explique que sa bonne santé
et sa longévité sont dues aux
bienfaits de l'huile d'olive.
Passionné, il raconte : « Vendre
de l'huile d'olive, ce n'est pas
comme vendre des chaussures :
il ne faut pas confondre vente
d'huile et profit. Moi, je suis
incapable de vendre un litre
d'huile qui ne me plaît pas. »*

une abbaye sur les lieux mêmes où il se déroula. Selon toute logique, l'imposant site fut baptisé D'Oliveira.

PLUS PRÈS DE NOUS – ET DES RÉALITÉS –, une partie de l'huile d'olive produite au Portugal était autrefois utilisée comme combustible de petites lampes votives. Traditionnellement disposées en hauteur devant les oratoires publics, ces sources de lumière tout à la fois mystiques et décoratives créaient une illumination urbaine originale et du plus bel effet. Aujourd'hui, l'utilisation de l'huile d'olive est purement alimentaire, mais elle est aussi essentielle et basique dans la cuisine portugaise que le sont pour d'autres pays le sel ou le poivre. Un simple filet versé sur la plupart des aliments constitue, selon les critères du pays, le meilleur des assaisonnements. Sans oublier le fameux *refogado*, point de départ de presque tous les plats locaux, qui s'obtient en faisant revenir des oignons émincés et de l'ail dans cette huile bien-aimée, dont la saveur est notoirement plus puissante que partout ailleurs. Une grande partie est d'ailleurs utilisée pour la préparation des conserves de thons et de sardines.

Autres rivages, autres cultures...

À QUELQUES ENCABLURES DE CETTE TERRE où l'olivier a si bien su se rendre indispensable, commence le majestueux domaine des oliveraies espagnoles, qui s'étagent sur plus de 900 000 hectares, et se trouvent principalement situées dans les provinces andalouses. Jaén produit la variété appelée *picual* ; Cordoue, la *carrascena* ; Baena, la picudo, tandis que Grenade est la patrie de la *lechin* et de la *lucio*, qui poussent sur des monts et dans des vallées autrefois dominés par les Arabes. La *verdiale*, enfin, cultivée près de la mer, fut le témoin du départ des olives vers le Nouveau Monde. Toutes ces variétés donnent du corps et de l'arôme aux excellentes productions locales d'huile. Fantastique pourvoyeuse d'emplois divers, la culture de l'olive fournit à l'Espagne quelques 600 millions d'heures de travaux annuels.

AUJOURD'HUI, LES PLANTATIONS ne cessent d'augmenter, et l'oléiculture intensive devient une – triste – réalité, qui tend à bouleverser le paysage andalou : on plante désormais à

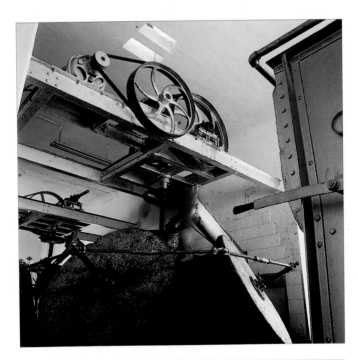

Les presses en granit de Santa Lucia écrasent le jour même de la récolte les olives cueillies sur les domaines de Frias, Taquinas, Santo Toribio et Gastaceite (770 hectares), propriétés des Nuñez de Prado depuis plus de sept générations. Ils réalisent ici une huile de toute première qualité appelée la fleur de l'huile. Pour un litre de ce nectar, plus de onze kilos d'olives sont nécessaires.

Entouré d'amandiers en fleurs, ce berger andalou armé d'un balai en branches d'olivier surveille ses chèvres et contemple le village de Zuheros. La plupart des paysans de cette région vivent des récoltes d'olives.

le chemin des oliviers

TOUS LES PAYS AUTOUR DE LA MÉDITERRANÉE PRODUISENT
DE L'HUILE D'OLIVE, DE MANIÈRE ARTISANALE OU INDUS-
TRIELLE. LES PLUS GROS PRODUCTEURS, L'ESPAGNE, L'ITALIE
ET LA TURQUIE. QUANT À LA FRANCE, SA PRODUCTION EST
INSUFFISANTE ET ELLE DOIT EN IMPORTER.

MAISON DE CONFIANCE
FONDÉE EN 1866

FABRIQUE
DE
SAUCISSONS D'ARLES

La Maison ne prend part à aucune Exposition

TÉLÉPHONE

SPÉCIALITÉ
D'HUILES D'OLIVES VIERGES
DE PROVENCE

Adresse Télégraphique
Vve GABRIEL PICARD · ARLES

FABRIQUE D'HUILES ALIMENTAIRES

SAVONNERIE

Vve GABRIEL PICARD & Cie

ARLES s/Rhône, le 20 Septembre 1907
(Bches · DU · RHÔNE)

HORS CONCOURS
MEMBRE du JURY
POUR LES HUILES D'OLIVES

Monsieur Laran
à Castres.

Comme suite à notre précédente, et pour marquer notre vif désir de vous être agréables ainsi qu'à Mr Hérail, nous accepterons comme extrême limite le prix de 115f les 100 kilos, par futs de 300 kilos environ comme d'habitude, futs perdus et franco.—Notre clientèle habituée à des produits de choix préfère subir la hausse et recevoir toujours les mêmes produits.—Nous espérons qu'il en sera de même de Mr Hérail dont la livraison sera comme d'habitude soignée.—

Au plaisir de vous lire, n/ vous prions d'agréer, Monsieur, nos meilleures salutations.—

Le Portugal

VOYAGEUR INFATIGABLE, l'olivier s'est implanté avec bonheur dans tous les pays de la Méditerranée, s'adaptant aux modes de vie locaux et aux particularités géographiques. Il nous invite à découvrir ses mille et un visages, le long des rives ensoleillées du Bassin méditerranéen.

LE PÉRIPLE COMMENCE PAR LE PORTUGAL qui, tourné vers l'Atlantique, est le lieu privilégié du trafic de l'huile et du vin avec les terres lointaines des Amériques et des Indes, où les autochtones considèrent l'olivier comme un véritable emblème national. Les Portugais sont fiers de leur terre et se plaisent à la décrire comme « un jardin cultivé au bord de l'océan »... Mais cette terre, hélas, est bien ingrate : aride et caillouteuse, elle n'offre que de faibles rendements, inférieurs de moitié à ceux obtenus dans le reste de l'Europe. Si la priorité est aujourd'hui accordée aux forêts, considérées comme l'avenir économique du pays, la culture de l'olivier n'en est pas oubliée pour autant. Cultivé principalement dans le bas plateau de l'Alentejo (province méridionale au sud du Tage), l'intrépide arbre offre le spectacle de troncs incroyablement tortueux,

surmontés d'un feuillage sombre, dispensant une ombre légère et bienfaisante au plus fort de la canicule. Irrégulièrement plantés dans les vastes plaines et tout le long du littoral, cet arbre de vie fait depuis toujours partie intégrante du paysage. Grâce à des datations au carbone 14 (mesure de la radioactivité permettant une évaluation précise de l'âge d'un objet) effectuées sur les restes de certaines olives de l'Alentejo, nous savons que l'origine de ces fruits remonte au début de notre ère.

L'OLIVIER LUI-MÊME EST ASSOCIÉ À UNE JOLIE LÉGENDE datant du VIIᵉ siècle, mettant en scène Wamba, qui fut le souverain des Wisigoths d'Espagne de 672 à 680. Alors qu'il s'adonnait à des travaux de labourage dans un champ situé près de la petite ville de Guimaraes, au nord du Portugal, l'auguste personnage apprit de la bouche d'un messager que les Goths venaient de l'élire roi. Sceptique tout autant que scrupuleux, Wamba déclara alors qu'il ne prendrait ce titre que si le bâton qu'il tenait alors à la main se mettait à pousser. Miracle des légendes : ledit bâton se recouvrit au bout de quelques instants d'un superbe feuillage... d'olivier ! Pour rendre hommage à ce prodige, un noble espagnol fit par la suite édifier

Détail de la façade principale de Benazuza, une hacienda qui a été fondée par les Arabes au Xᵉ siècle, propriété du roi Alphonse X, puis de Pablo Romero, éleveur de taureaux sauvages. Elle est aujourd'hui transformée en l'un des plus beaux hôtels d'Espagne et présente dans son hall d'entrée un musée dédié à l'huile d'olive.

Écrasé sous le soleil, Zuheros, village andalou, est entouré comme les villes voisines de Baena, Luque et Cabra, de forêts d'oliviers. Les petites routes de cette région sont, à l'époque de la cueillette, envahies de tracteurs et de camions qui croulent sous le poids des olives.

Autres rivages, autres cultures...

une abbaye sur les lieux mêmes où il se déroula. Selon toute logique, l'imposant site fut baptisé D'Oliveira.

PLUS PRÈS DE NOUS – ET DES RÉALITÉS –, une partie de l'huile d'olive produite au Portugal était autrefois utilisée comme combustible de petites lampes votives. Traditionnellement disposées en hauteur devant les oratoires publics, ces sources de lumière tout à la fois mystiques et décoratives créaient une illumination urbaine originale et du plus bel effet. Aujourd'hui, l'utilisation de l'huile d'olive est purement alimentaire, mais elle est aussi essentielle et basique dans la cuisine portugaise que le sont pour d'autres pays le sel ou le poivre. Un simple filet versé sur la plupart des aliments constitue, selon les critères du pays, le meilleur des assaisonnements. Sans oublier le fameux *refogado*, point de départ de presque tous les plats locaux, qui s'obtient en faisant revenir des oignons émincés et de l'ail dans cette huile bien-aimée, dont la saveur est notoirement plus puissante que partout ailleurs. Une grande partie est d'ailleurs utilisée pour la préparation des conserves de thons et de sardines.

À QUELQUES ENCABLURES DE CETTE TERRE où l'olivier a si bien su se rendre indispensable, commence le majestueux domaine des oliveraies espagnoles, qui s'étagent sur plus de 900 000 hectares, et se trouvent principalement situées dans les provinces andalouses. Jaén produit la variété appelée *picual* ; Cordoue, la *carrascena* ; Baena, la picudo, tandis que Grenade est la patrie de la *lechin* et de la *lucio*, qui poussent sur des monts et dans des vallées autrefois dominés par les Arabes. La *verdiale*, enfin, cultivée près de la mer, fut le témoin du départ des olives vers le Nouveau Monde. Toutes ces variétés donnent du corps et de l'arôme aux excellentes productions locales d'huile. Fantastique pourvoyeuse d'emplois divers, la culture de l'olive fournit à l'Espagne quelques 600 millions d'heures de travaux annuels.

AUJOURD'HUI, LES PLANTATIONS ne cessent d'augmenter, et l'oléiculture intensive devient une – triste – réalité, qui tend à bouleverser le paysage andalou : on plante désormais à

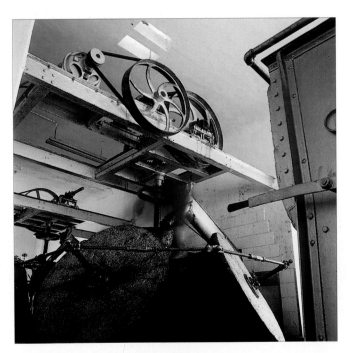

Les presses en granit de Santa Lucia écrasent le jour même de la récolte les olives cueillies sur les domaines de Frias, Taquinas, Santo Toribio et Gastaceite (770 hectares), propriétés des Nuñez de Prado depuis plus de sept générations. Ils réalisent ici une huile de toute première qualité appelée la fleur de l'huile. Pour un litre de ce nectar, plus de onze kilos d'olives sont nécessaires.

Entouré d'amandiers en fleurs, ce berger andalou armé d'un balai en branches d'olivier surveille ses chèvres et contemple le village de Zuheros. La plupart des paysans de cette région vivent des récoltes d'olives.

C'est dans cette ferme à Taquinas que l'on se retrouve après la cueillette. Dans la pièce principale, des cages à perdrix sont accrochées aux murs. Ces oiseaux servent d'appât pour la chasse, leurs cris attirant les autres perdrix.

La plupart des grandes haciendas ont été construites autour de Séville et de Cadix. Lieu stratégique, proche du Guadalquivir d'où partaient pour le Nouveau Monde les bateaux chargés d'huile d'olive. Caractéristique par sa symétrie, l'hacienda Guzman est une des rares à être restée en parfait état. Sur le portique se détache l'écusson de la famille : deux chaudrons qui signifiaient que les soldats étaient parfaitement nourris.

6 x 6 mètres de distance, alors que la norme était autrefois de 7 x 7 mètres, voire 8 x 6 mètres (ce qui équivalait à environ 208 oliviers par hectare). Les plantations ont bien changé depuis l'époque où les Carthaginois recommandaient de laisser une distance de 22 mètres entre deux oliviers !

DEPUIS PLUS DE QUATRE ANS, les oliveraies sont touchées par une sécheresse exceptionnelle qui met en péril la vie même de ces arbres pourtant extrêmement solides, puisque capables de supporter 50 °C en été, tout en affrontant le gel d'hiver.

SI BEAUCOUP DE TOURISTES CONNAISSENT L'ANDALOUSIE dans ses grandes lignes, bien peu se sont aventurés dans les merveilleux petits villages de la région de Cordoba. Baena, Zuheros, Luque, Cabra ou encore Dona Mencia... autant d'invitations à la rêverie et à la contemplation, tant le spectacle de ces petites maisons blanches noyées dans un véritable océan d'oliviers est saisissant. Le paysage andalou est emblématique de la culture méditerranéenne. Un paysage d'une étonnante beauté, qui impressionne toujours ceux qui savent le contempler avec des yeux bien ouverts, et une sensibilité à fleur de peau. C'est ce qui arriva à un directeur de théâtre

allemand, Jürgen Flimm. Répondant à un journaliste qui lui avait demandé sa définition du bonheur, il répondit aussitôt : « Le ciel, les oliviers, le soleil et l'air », faisant ainsi écho au sentiment de plénitude que beaucoup d'Andalous ressentent devant un champ d'oliviers. L'Andalousie compte aujourd'hui de nombreuses coopératives, mais les petits moulins familiaux – qui étaient courants jusqu'à la première moitié de notre siècle – continuent d'exister. On les aperçoit parfois dans le lointain, entourés d'oliviers et reconnaissables à leur grande cheminée. Ce sont les derniers vestiges des moulins traditionnels en pleine campagne...

DANS SON DOMAINE DE BAENA, la famille Nuñez de Prado fabrique de l'huile depuis plus de sept générations. Un bel exemple de culture traditionnelle réussie, si l'on considère que la petite exploitation familiale des origines est devenue au fil du temps une oliveraie de 90 000 arbres répartis sur 770 hectares. Le produit quotidien de la récolte (ramassée à même l'arbre) est aussitôt broyé dans des meules de granit. Versées dans un simple filtre très fin, les olives produisent un liquide liquoreux et doré, qui s'écoule petit à petit dans un canal.

CI-DESSUS.
Dans l'Espagne catholique,
les chapelles sont intégrées
à l'intérieur des maisons.
Celle-ci est installée au premier
étage de la maison de la Señora
Pilar Viuda de Prado issue
de la famille des principaux
fabricants d'huile de Baena.
On peut s'y recueillir
et y organiser baptêmes
et mariages privés.

La Fábrica Santa Lucia est
installée au centre de Baena.
Les Nuñez de Prado n'ont
pas transformé leur moulin
depuis le XVIIIe siècle. Ce qui ne
les empêche pas de réaliser,
bon an mal an, plus ou moins
70 000 litres d'huile extra-
vierge dont 70 % sont exportés
à l'étranger. On recycle
aussi les débris solides qui sont
utilisés pour faire une huile
de grignons de deuxième
catégorie, comme compost
chimique, ou comme engrais.

L'huile est ensuite décantée naturellement grâce au principe d'extraction partielle à froid. En 1993, 58 000 litres de ce produit rare – pour en obtenir un litre, il faut presser onze kilos d'olives, alors qu'un litre d'huile de première pression ne nécessite « que » cinq kilos ! – ont été mis, manuellement, en bouteilles numérotées. 70 % sont exportés vers la C.E.E., les États-Unis et le Japon. La maison Nuñez de Prado est la seule en Espagne à préparer cette huile dite de « fleur » ou de « goutte ». Opaque et veloutée, onctueuse, dense mais légère, elle tapisse délicatement le palais et y exhale un bouquet végétal complexe où se retrouve le goût des fruits mûrs et des zestes d'oranges sauvages de Séville : capiteux, épicé, poivré et délicieusement amer.

ON ADMIRERA ENSUITE LES MAGNIFIQUES HACIENDAS nichées au beau milieu des oliviers andalous, au bord du Guadalquivir. Parmi ces purs joyaux architecturaux se trouve le musée de l'Olive, où Juan Ramón Guillen a planté pas moins de cent deux variétés d'oliviers.

CONSTRUITE AU XVIe SIÈCLE, cette ancienne hacienda se caractérise par ses deux tours miradors, aujourd'hui transformées en tours à moulin, où le même Juan Ramón Guillen dirige la Española aceite del Sur. Si toutes les anciennes haciendas ont été répertoriées, la plupart sont aujourd'hui à l'abandon, et rien n'est mis en œuvre par l'État pour les conserver. Seules des initiatives privées permettent de les restaurer, ce qui est entre autres le cas de la très belle hacienda Benazuza, aujourd'hui transformée en un somptueux hôtel. Construite au Xe siècle par les Arabes, elle fut ensuite la résidence de diverses familles nobles, dont celle des comtes de Benazuza qui l'agrandirent et y intégrèrent un élevage de taureaux, ainsi qu'un moulin à huile célèbre dans toute la région.

PAGE PRÉCÉDENTE.

L'hacienda Guzman, appelée San Bartolomé, a été construite en 1580 par les Franciscains. Elle appartient aujourd'hui à Juan Ramón Guillen, propriétaire de la Española aceite del Sur.

CI-CONTRE.

Une succession de petits patios plantés d'orangers entourent l'un des plus beaux hôtels de l'Aljarafe sévillan, Benazuza, à Sanlucar la Mayor.

À DROITE.

C'est l'heure bleue à Baena, petite ville tranquille d'Andalousie.

DOUBLE PAGE SUIVANTE.

Chez Nuñez de Prado, l'embouteillage est manuel. Avant de coller les étiquettes certifiant la qualité, l'origine de l'huile et la date, on scelle les élégantes bouteilles avec un cachet de cire aux armes de la famille.

Les plus vieux oliviers de la région de Nyons sont situés à côté de Mirabel-les-Baronnies. Ils sont pratiquement les seuls à avoir survécu aux gels. C'est l'une des rares régions de France à garder la motte très haute le long du tronc.

Léon Laget est l'un des rares agriculteurs de la région à travailler ses oliviers à la pioche et au sécateur. Il parle avec passion de ses deux cents plants. Qu'il pleuve ou qu'il vente, il descend tous les jours de sa ferme de Condamine pour les retrouver.

Le chemin des oliviers à travers la France

LE VOYAGE SE POURSUIT À TRAVERS LES TERRES cette fois, pour rejoindre la France et découvrir dans toute sa partie sud les traces millénaires de la culture des oliviers. Près de Saint-Rémy-de-Provence par exemple, se dressent, au beau milieu des champs d'oliviers, les ruines de la ville de Glanum. Entre les palais, les temples, les thermes et les maisons d'habitation, on retrouve parmi les vestiges gallo-romains des IIe et Ier siècles av. J.-C. une pierre à pressoir sur laquelle étaient empilés les scourtins. Preuve formelle que les fondateurs de la ville cultivaient les oliviers et en extrayaient l'huile.

BIEN DES SIÈCLES PLUS TARD, cet arbre au prestigieux passé est en pleine prospérité dans la région de la vallée des Baux, qui s'étend entre la chaîne des Alpilles au nord et la plaine de la Crau au sud. 290 000 spécimens s'épanouissent sur quelques 6 300 hectares cultivés en vergers sur les coteaux et les vallons. Mouriès (représentant à elle seule 80 000 oliviers), Maussane-les-Alpilles, les Baux-de-Provence tout près de l'abbaye de Montmajour et de Fontvieille (qui s'enorgueillit

du célèbre moulin d'Alphonse Daudet), autant de petites villes délicieuses qui constituent sans doute la plus belle région de la France oléicole. Seule ombre à ce tableau idyllique : les redoutables vagues de gelées successives qui frappèrent lourdement le pays. Au XVIIIe siècle d'abord : à la suite du gel historique du 8 janvier 1789, 80 % des arbres furent coupés, ruinant des villes dont l'économie était uniquement fondée sur la culture de l'olivier, comme Eyguières ou Aureille.

L'INTENDANT DE PROVENCE notait en 1789 dans son rapport : « Les gelées ont été si fortes l'hiver dernier qu'elles ont enlevé pour bien des années la principale ressource du pays, en faisant périr la plus grande partie des oliviers d'Aix à Tarascon. On sera privé pendant plusieurs années de toute récolte d'huile dans ces communautés, et c'est une perte considérable pour le pays. » Autre fléau après le gel : les maladies, qui ruinèrent les villes des Baux et de Maussane, autrefois couvertes d'oliviers. Les surfaces plantées avant la Première Guerre mondiale avaient diminué de moitié, et peu à peu, les moulins artisanaux durent céder leur place aux coopératives, en particulier après les ravages causés par un nouveau gel en 1929. Dans les

années 1930 naquirent les coopératives de Mouriès, Maussane et la Cravenco, mais la Seconde Guerre mondiale obligea à réduire encore les surfaces cultivées. Et c'est finalement le gel de 1956, le plus important qu'ait connu la région, qui porta le coup le plus terrible aux oléiculteurs. Au cours de l'effroyable nuit du 2 février, la température baissa de plus de 10 °C en quelques heures. S'ensuivirent trois semaines de grand froid et de vents violents. Sous un ciel d'apocalypse, les assauts du gel firent littéralement éclater les troncs. À Eyguières, par exemple, on dut couper 95 % des arbres.

APRÈS TOUS CES ÉPOUVANTABLES ÉPISODES, les nombreux moulins créés dans les années 1930 commencèrent peu à peu à rouvrir leurs portes. Celui de la Cravenco, fermé après le gel de 1956, reprit son activité en 1968. Il traite désormais chaque année cent tonnes d'olives de table et trois cents tonnes d'olives à huile, pour produire une huile « vierge extra » élaborée à partir de berruguettes, salonenques, picholines, grossannes et verdales. À Fontvieille, il ne reste plus qu'un seul moulin parmi les huit qui existaient avant 1956 : celui de Bédarrides, dirigé par Henri Bellon. Aux Baux-de-Provence, le moulin de la coopérative de la vallée des Baux est celui de Jean-Marie Cornille – le fameux « moulin de maître Cornille » immortalisé par Alphonse Daudet. Il produit une huile très particulière, à partir d'olives fermentées trois jours, qui est fruitée, aux arômes de cacao et puissante en bouche. Construit entre 1600 et 1620, il faisait office de moulin à blé l'été et de moulin à huile l'hiver.

D'AUTRES MOULINS PARSÈMENT LA RÉGION, comme celui de Barres à Maussane-les-Alpilles, ou le moulin Rossi – traduire « moulin moderne » – à Mouriès. C'est d'ailleurs dans ce village que l'on fête l'huile nouvelle, courant décembre, comme le raconte Dominique Bottani dans son ouvrage consacré aux routes de l'olivier en Provence : « C'est au moulin moderne que ce jour-là se réunissent les sept mouliniers de la vallée des Baux. La cérémonie débute par l'arrivée d'une charrette tirée par des chevaux, transportant sept jarres d'huile recueillie de moulin en moulin. Une fois cette huile bénie par le prêtre de la paroisse, commence la cérémonie d'intronisation des personnalités dans l'Ordre de l'huile nouvelle, élevée au rang de " tastaïre d'ounour ". »

PLUS AU NORD, juste après avoir passé le mont Ventoux, on découvre les Baronnies, région de montagnes douces, de vallées profondes et de cours d'eau capricieux. C'est là que naît l'olivier, précisément à Saint-May, qui marque la frontière entre les premiers oliviers et les derniers noyers. L'homme a cultivé en ces lieux la variété d'olives la plus résistante : la tanche, que l'on appelle souvent l'olive de Nyons. Elle ressemble à un gros cœur noir et fripé, et se cueille en décembre-janvier. Son adoration pour le froid est telle qu'en Corse, dans le conservatoire de l'Olive où sont cultivées toutes les variétés d'oliviers, elle a toujours refusé de donner des fruits ! L'olivier de Nyons doit en effet subir plusieurs gels pour refleurir et produire des olives. Au fil du temps et des gels successifs, les oliviers ont peu à peu cédé du terrain à la vigne et aux arbres fruitiers. Aujourd'hui, la tendance s'inverse, grâce au Syndicat de l'olive noire de Nyons, créé le 10 janvier 1957, au lendemain du terrible gel. Ses membres se sont battus pour relancer l'activité oléicole et obtenir l'A.O.C. (Appellation d'origine contrôlée) pour l'huile de Nyons. Leurs efforts ont enfin été récompensés, puisque le 27 janvier 1994, l'I.N.A.O. (Institut national des appellations d'origine) accordait aux olives et à l'huile de Nyons le premier – et seul jusqu'à ce jour – label A.O.C., jusqu'alors réservé aux vins. Cette suprême récompense qui ne s'accorde qu'au prix de conditions rigoureusement contrôlées concerne quarante et une communes de la Drôme et vingt autres communes du Vaucluse.

NYONS, que Jean Giono considérait comme « le paradis terrestre », est le centre de l'huile des Baronnies, et le théâtre de fêtes célébrant l'olive et l'huile. Le dimanche précédant le 14 juillet ont lieu les « olivades », prétextes à toutes sortes de spectacles. Et le premier dimanche de février, on fête l'huile nouvelle avec « l'alicoque » : la veille, à l'église de Nyons, a lieu l'offrande de l'huile nouvelle, et le lendemain, toute la

ville est invitée sur la place des Arcades à goûter l'huile nouvelle sur des tranches de pain grillé frottées d'ail (« alicoque » a pour origine « ali » : ail et « coque » : trempé) avant de déguster une bonne tapenade suivie de l'indispensable aïoli. Cette fête d'origine relativement récente fut instituée par la confrérie des Chevaliers de l'Olivier, née en 1963, qui eut pour premier président d'honneur Jean Giono lui-même. Une belle occasion de renouer avec les traditions.

DE L'AUTRE CÔTÉ DU MONT VENTOUX, en allant vers la Méditerranée, on peut admirer le Vaucluse, ainsi que la Haute-Provence qui s'étend à l'est. L'une et l'autre sont de très belles régions montagneuses, arrosées, fraîches... Mais toutes deux ont aussi terriblement souffert du gel en 1929 et 1956. Depuis, on y a planté deux variétés d'olives très résistantes et exclusivement destinées à la production d'huile : l'aglandau et la verdale de Carpentras. À Manosque, au cœur du Lubéron, le moulin de l'Olivette associe les outils d'hier aux techniques d'aujourd'hui : meules de pierre et chaîne continue produisent une huile vert pâle et très fruitée. À Beaumes-de-Venise, réputée pour son merveilleux vin muscat, la coopérative La Balméenne produit 576 tonnes d'une

huile exclusivement élaborée avec la verdale de Carpentras, particulièrement goûteuse.

LE PAYS NIÇOIS LUMINEUX, ensoleillé et proche de la mer, cultive l'olive dite de Nice, le cailletier, également baptisée caillette. Marron ou noire, toute petite et très parfumée, elle est surtout connue comme olive de table, bien qu'elle produise également une huile ronde en bouche et délicieusement anisée. Blotti au pied du charmant petit village d'Opio se trouve le moulin de la Brague, un des trois plus importants de France, qui produit 140 tonnes d'huile à l'année. Il appartient à la même famille depuis 1820, les Michel. Les olives traitées au moulin sont cueillies jusqu'à la fin mars, à extrême maturité, sur les hauts arbres d'une région qui a rarement subi le gel.

À TRAVERS TOUT LE SUD, nombre de confréries ont mis l'huile à l'honneur : l'Oulivado de Provence, née en 1975 à Bargemon, qui participe à la rénovation du verger oléicole varois ; la Commanderie du Rameau d'Olivier, créée à La Garde en 1983, qui lutte contre l'arrachage des oliviers et participe à l'entretien des oliveraies dans les Bouches-du-Rhône, les Alpes-Maritimes et le Var ; l'Association des Amis des Moulins

PAGE PRÉCÉDENTE.
Avant la modernisation
des presses et des turbines
centrifugeuses, il était
impossible de faire de l'huile
sans les scourtins : paniers plats
dans lesquels on entassait
la pâte d'olives pour en extraire
l'huile. Ces sortes de cabas
étaient fabriqués à Nyons
dans une ancienne maladrerie
transformée par le tisserand
Ferdinand Fert.

CI-CONTRE. Tout
le monde essaie de réaliser
une huile d'olive de qualité,
comme Pierre Chastel
qui collectionne les prix et
commercialise sa production
dans son petit magasin.
À DROITE. Les jardins qui
bordent la maison de Pierre
Poussou sont entourés d'une
des plus belles oliveraies
du Sud de la France. Les cent
cinquante cailletiers de la
Pierredite produisent une huile
qui remporte prix sur prix.

L'huile nouvelle est prête dans ce moulin artisanal de Saint-Rémy-de-Provence. Comme pour les vins, on peut parler de cru. À quelques kilomètres de distance, d'un moulin à l'autre, l'huile sera différente en saveur, parfum et couleur.

DOUBLE PAGE SUIVANTE. Dans le vieux Nice, la boutique Alziari est dédiée à l'olivier. Jean-Marie Draut fait goûter aux clients deux sortes d'huile : l'extra au goût de noisette, douce et finement parfumée, et une huile vierge fine, beaucoup plus corsée. Une boutique à l'ancienne où l'on retrouve tout ce qui tourne autour de l'olivier : des objets en bois d'olivier aux savons, en passant par les mille saveurs d'olives.

Provence-Alpes-Côte-d'Azur, qui restaure les moulins à huile et participe à leur remise en service... Des fêtes existent aussi dans d'autres régions : la fête des Olives vertes à Mouriès en septembre ; la fête de l'Olive à Draguignan au mois de juin ; la fête de l'Huile et de l'Olive à Saint-Cézaire-sur-Siagne près de Grasse, au mois d'août ; les nombreuses fêtes de la Saint-Vincent, patron des vignerons mais aussi des oléiculteurs, à Castagniers, Bonson, Castellar, Breil-sur-Roya... en janvier. Toutes ces fêtes donnent lieu à de nombreuses animations folkloriques, à des expositions d'artisans et de ventes d'autres produits issus de l'olivier.

QUANT AUX MUSÉES consacrés à l'huile d'olive, outre celui de Nyons qui est particulièrement remarquable, on peut noter ceux de Draguignan, de Cagnes et des Baux, qui conservent les traces de ce riche passé. Sans parler des nombreux musées d'archéologie, dans lesquels on retrouve des meules, des jarres, des lampes, et tant d'autres objets témoignant de la présence millénaire de l'olivier et de sa précieuse huile.

Le sol des environs de Petroio est très argileux. Depuis le XVᵉ siècle, on y fabrique des terres cuites. Raffaeli, un des potiers de la région, copie des jarres à huile anciennes pour en faire des pots de jardin.

C'est sous un magnifique château Renaissance que sont installés les caves et le moulin du prince Corsini. Grâce à son exposition, son altitude et son ensoleillement, San Casciano est un endroit béni des dieux pour la culture des oliviers. Les olives de la propriété sont pressées à peine cueillies, parfois la nuit même.

La « dolce vita » des oliviers italiens

EN PASSANT LA FRONTIÈRE, cette omniprésence de l'histoire ne disparaît pas, bien au contraire. Probablement originaire de la Sicile, l'olivier a commencé à croître et à embellir en Italie à partir du VIᵉ ou VIIᵉ siècle av. J.-C. Tirant le meilleur parti du climat particulièrement favorable de la péninsule, il s'est implanté au gré des régions et de la diversité des terrains. Tout en menant l'expansion de leur empire, les Romains eurent une influence déterminante sur le développement de l'olivier dans tout le reste de l'Europe et de l'Afrique du Nord. Passés maîtres dans l'art de cultiver cet arbre précieux, ils se montrèrent également fort inventifs en matière de techniques d'extraction, mettant au point et perfectionnant – entre autres – le pressoir à vis. Force nous est de reconnaître que les méthodes de culture et de production de ces Européens de la première heure ont finalement très peu varié jusqu'à nos jours. Cet engouement pour les olives et leur huile s'explique par la légendaire prédilection des Romains pour la gastronomie et tout ce qui s'y rapporte. Le fruit et ses dérivés occupaient ainsi une place de choix parmi les mets servis lors des somptueuses fêtes dédiées à Comus... et à Bacchus ! Un art de vivre que l'Italie ne cessera sans doute jamais de cultiver. LA CULTURE DE L'OLIVIER, quant à elle, s'effectue aujourd'hui du nord au sud du pays – à l'exception du Piémont et de la vallée d'Aoste –, sans oublier bien entendu la Sicile et la Sardaigne. Les Pouilles arrivent en tête de la production italienne, avec un tiers des oliviers de la péninsule.

L'ITALIE SE PARTAGE en trois zones de culture, qui correspondent à trois types de climat : une zone « froide » autour des grands lacs, de Vérone et de Trieste, près de la mer ; une zone tempérée avec les Appenins ligures, la côte Adriatique jusqu'à Bari et la Basilicate, région montagneuse de l'Italie méridionale ; et enfin une zone chaude comprenant la Calabre, les Pouilles, le littoral adriatique au sud de Bari, et la Sicile. La région la plus sensible est sans nul doute la partie « froide » qui, sujette aux gels et à une floraison tardive, met parfois en péril la formation de fruits.

SOUVENT PRÉSENTÉE COMME LA MEILLEURE DU MONDE en qualité et en variété, l'huile italienne offre de fait une vaste palette d'arômes.

CI-DESSUS.
La marquise Frescobaldi
est assise à l'entrée d'une
de ses plus belles propriétés
du Chianti, Nippozano.

CI-DESSOUS.
La comtesse Lucrezia Corsini
Miari Fulcis fait aussi partie
du consortium de la Laudemio.
Sa propriété est située à Fiesole.

CI-DESSUS.
Tenuta di Bossi, l'une
des propriétés du marquis
et de la marquise Gondi,
est située à Pontassieve.

CI-DESSOUS.
Gian-Carlo Ceci et Savino
Santovito se sont associés
en 1988 pour mettre en valeur
la propriété des Ceci.

ELLES DU TRENTIN, par
e couleur jaune pâle, tan-
e riviera des fleurs et des
t arborent une coquette
ées ont vu le développe-
de Vérone, région appré-
ent adapté, mais, hormis
arde, les huiles produites
gion.

a Côte d'Azur, la Ligurie
s et profondes, dont les
s de pressoirs et de mou-
de petits bourgs médié-
udes. Imperia, à environ
la plaque tournante du
t comme Dolcedo était
On admire d'ailleurs dans
ressoirs artisanaux de la
nza, qui cultivent 1 500
environ 7 000 bouteilles
ait à froid, et tout en dou-
sait respecter la saveur
de cette production tra-
huile non filtrée de tout
u'un septième de la pro-
de litres – mais offre un
arômes. De Dolcedo, le
Molini di Prelà, né de la
e celui de Praelo. Datant
rvé, il est la propriété des
une huilerie industrielle.
par la réunion d'Oneglia
ent producteur d'huile –
ominé par la vieille ville,
sidé aux destinées de la
ans le négoce de l'huile

PARMI LES DIFFÉRENTS PRODUITS DE LA GAMME ACTUELLE, trois huiles d'olive vierge extra méritent d'être citées. La *Vallaurea*, provenant de la haute vallée d'Oneglia, qui produit des huiles si recherchées qu'elles sont payées au poids de l'or (d'où son nom, qui signifie « val d'or ») ; la *Fructus*, ainsi nommée à cause de son arôme fruité, qui est une huile douce et savoureuse, non filtrée, et enfin la *Biancardo*, rare et précieuse petite merveille, également non filtrée, qui s'élabore au printemps (avril et mai) à partir des variétés tardives appelées *taggiasche*. Elle offre au palais une incomparable douceur, moelleuse et veloutée. Toutes trois sont emmaillotées d'un papier doré protecteur, qui évite à ces huiles d'exception tout contact nuisible avec la lumière.

AUTRE HAUT LIEU DE LA PRODUCTION LOCALE, la ville de Borgomaro abrite le royaume de Laura Marvaldi, héritière d'une famille d'*oliandi* (goûteurs d'huile) remontant à la fin du XVIIIᵉ siècle. Trois portraits d'ardoise sculptée et des doubles fenêtres médiévales annoncent son domaine, un magnifique moulin à eau équipé de meules à pierre tendre.

EN REDESCENDANT LE LONG DU LITTORAL, les splendeurs de la Toscane se dessinent peu à peu. Vignes et oliviers, pins et cyprès s'étendent à perte de vue, tandis que s'exhalent d'enivrantes et subtiles fragrances. L'harmonie et la sérénité qui se dégagent des montagnes et des collines aux courbes harmonieuses, la pureté de l'atmosphère et de la lumière, ont souvent été qualifiées de « miracle toscan ». Les sites les plus touristiques, comme San Gimignano, la ville aux mille tours, mettent à l'honneur l'huile d'olive. Mais il existe une façon plus originale de découvrir cette inoubliable région. Elle consiste à partir à la recherche des sublimes propriétés où les grandes familles locales possèdent des oliveraies et y produisent leur propre huile. Ces plantations ne sont malheureusement plus très spectaculaires, car elles ont été elles aussi victimes des ravages du gel, en 1985, soit une trentaine d'années après la France. La température est alors descendue à quelque - 25 °C, faisant geler l'Arno, et entraînant la mort de 85 % des arbres. Mais une fois encore, l'absence de

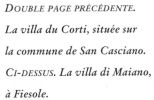 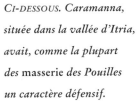 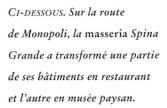

DOUBLE PAGE PRÉCÉDENTE.
La villa du Corti, située sur
la commune de San Casciano.
CI-DESSUS. La villa di Maiano,
à Fiesole.

CI-DESSOUS. Caramanna,
située dans la vallée d'Itria,
avait, comme la plupart
des masserie des Pouilles
un caractère défensif.

CI-DESSUS. Dans les caves
de Tenuta di Bossi,
on peut admirer des jarres,
guadagnioli, en terre cuite
datant de 1725.

CI-DESSOUS. Sur la route
de Monopoli, la masseria Spina
Grande a transformé une partie
de ses bâtiments en restaurant
et l'autre en musée paysan.

quantité est compensée par une production de très grande qualité. Trois provinces – Lucca, Grossetto et Arezzo – offrent ainsi des huiles hors du commun, élaborées dans de fabuleuses villas Renaissance, ou encore dans des fermes médiévales en pleine campagne toscane, entourées de vignobles et d'oliveraies.

AUTRE FLEURON DE LA PRODUCTION LOCALE, la *Laudemio* (du latin *laudatio* : louange), offerte autrefois comme tribut d'honneur à chaque nouveau seigneur. Cette appellation d'origine contrôlée est aujourd'hui produite par Gli Olivanti, regroupement composé d'une cinquantaine d'exploitants toscans, tous aristocrates et soucieux de perpétuer une si belle tradition. Leur huile est la plus verte qui soit, à l'œil comme au nez et au palais. Son bouquet puissant, au parfum d'artichaut et d'olive verte, est renforcé par une saveur poivrée et légèrement amère. De toute évidence, la *Laudemio* est l'huile des amateurs de sensations fortes...

NIPPOZANO est l'une des douze propriétés de Vittorio et Bona Frescobaldi. Cette impressionnante villa, construite au XVIIe siècle, produit aujourd'hui les *Laudemio Marchesi de Frescobaldi* et *Casteljocondo*, huiles aristocratiques par excellence !

DANS LA ZONE ÉTRUSQUE QUI SÉPARE AREZZO DE LA MER, le château Banifi, édifié au XIIIe siècle, est désormais le fief d'une société qui gère les trois mille hectares du domaine. Grande productrice de vins, elle commercialise également une importante quantité d'huile d'olive, et offre à la curiosité des visiteurs un petit musée ouvert dans le château, où ils peuvent admirer d'anciennes presses à olives, ainsi que des jarres du Premier Empire romain.

QUITTANT LA DOUCEUR TOSCANE pour gagner le centre de l'Italie, le promeneur amateur d'huile d'olive goûtera avec intérêt des produits intenses et fruités, d'un beau vert soutenu. Au nord de Rome, dans la région des volcans et des lacs, les huiles sont particulièrement délicates. Contrairement à la Toscane, on ne rencontre pas de magnifiques propriétés, ni d'ancestrales familles productrices d'huiles : ici, la terre appartient à l'église. En revanche, les amateurs de vestiges étrusques et de petites villes médiévales fortifiées trouveront largement de quoi alimenter leur passion. L'étonnant bourg de Civita di Bagnoregio, par exemple, ancienne ville fortifiée du temps des Étrusques, plantée sur un éperon isolé et rongée par l'érosion, abrite un étonnant moulin du XVIe siècle, construit dans une grotte étrusque.

PAGE PRÉCÉDENTE.
La façade de l'hôtel Amorosa, à Sinalunga, croule sous les glycines. Dans les anciennes caves voûtées du restaurant, l'huile d'olive est à l'honneur : une dizaine de bouteilles de la région sont proposées aux clients.

Située entre Arezzo et la mer, cette grange entourée de deux roues de pierre est au centre de l'activité agricole et industrielle de cette partie de la Toscane.

Comme bon nombre de familles paysannes, les Trombetti vivent quasiment en autarcie. Ils conservent leurs trésors à l'abri des intempéries, dans le granaio. *C'est ici que l'on stocke le grain, les jambons, le vin, le maïs et bien entendu les réserves d'huile. Propriétaire de 346 oliviers, toute la famille se mobilise à l'époque de la cueillette.*

ULTIME ÉTAPE de cette découverte de l'Italie oléicole, le sud de la péninsule et les îles, qui produisent des huiles généralement vert tendre, au goût généreux, pénétrant et parfumé.

DANS LA RÉGION DES POUILLES – le fameux talon de la botte –, l'intensité des saveurs est un peu plus forte que partout ailleurs, laissant parfois en bouche une légère sensation d'amertume. Les oliviers se développent admirablement bien sur ce sol, qui représente une des plus grandes étendues du Bassin méditerranéen. Comme en Andalousie, l'image d'une « mer d'oliviers » s'impose à l'imagination.

AU NORD DE BARI, entre Ruvo di Puglia et Palombao, les oliviers sont tellement tortueux qu'on les compare souvent à des serpents. On doit à Frédéric II, qui a fait édifier beaucoup de châteaux dans cette région, le fameux Castel del Monte, qui domine toute la plaine et se noie dans les oliviers. Octogonal, entouré de huit tours, ce chef-d'œuvre de style très pur construit en pierre de Trani a inspiré Umberto Eco pour son roman *Le Nom de la Rose*.

LA RÉGION DE BRINDISI, au sud de Bari, est celle des *masserie*, grosses fermes rurales où les familles vivent en autarcie, exploitant oliveraies, vergers, vignobles et autres potagers. Les oliviers y sont extrêmement vieux, énormes et superbes.

PLUSIEURS DE CES *MASSERIE* appartiennent à l'héritier d'une famille qui cultive les olives depuis plus de quatre siècles, les Amati. Intarissable sur le sujet, ce propriétaire – qui a d'ailleurs ouvert un musée de l'olive dans sa *masseria* de San Angelo de Graecis – aime raconter qu'au *frantoio* (moulin), dix pêcheurs travaillaient de novembre à mars. La pêche étant interrompue l'hiver, on les embauchait alors au moulin : le capitaine y restait le chef, et ses employés continuaient à lui donner son titre ! L'huile familiale produite est appelée « *Antiche Masserie Amati* ». Aux alentours, on peut admirer de très nombreuses grottes ayant abrité les moines de Saint-Basile, où l'on retrouve parfois l'emplacement de presses. Les moulins y furent d'ailleurs utilisés jusqu'au XIXᵉ siècle. C'est donc sur une vision religieuse que s'achève la visite d'une des plus belles patries de l'olivier, tandis que se profilent déjà les côtes désolées du massif des Alpes Dinariques. De l'Albanie et de ce qui reste de la Yougoslavie déchirée, nous dirons simplement que les oliviers poussent nombreux, avant de poursuivre notre odyssée en direction de… la Grèce !

Dans les cuisines campagnardes des alentours de Sienne, les cheminées sont gigantesques. Véritable pièce dans la pièce, on s'y installe pour s'y réchauffer les soirs d'hiver. La belle cuisine de la fattoria Belsedere *ne fait pas exception à la règle.*

Giovanna De Luca est installée depuis vingt ans dans le vieux quartier de Aia Piccola. Son extraordinaire maison trullo *au toit conique, entièrement construite avec des pierres superposées sans mortier, est située à Alberobello, petit village entouré de forêts d'oliviers.*

L'olivier grec, arbre béni des dieux

TERRE DE LÉGENDES particulièrement fertile, la patrie d'Homère a chanté « l'arbre divin » sur tous les tons, lui accordant siècle après siècle un rôle primordial. L'illustre Sophocle, autre enfant du pays, lui rendait déjà un vibrant hommage au Ve siècle av. J.-C. : « Ici pousse un arbre béni. Un arbre ignoré de l'Asie. Un arbre indomptable. Un arbre immortel. Nourriture pour notre vie. L'olivier aux feuilles d'argent. »

CONSIDÉRÉ COMME UNE CRÉATION DIVINE associée à leur déesse préférée, Athéna, l'olivier exerçait – et continue d'exercer ! – sur les Grecs une fascination absolue. Si l'on en croit la mythologie, le mérite du développement de cet arbre sacré en Grèce revient à Héraclès lui-même. Après avoir brillamment mené à bien les douze travaux imposés par Eurysthée, roi de Tirynthe, l'infatigable héros aurait en effet acheminé dans son propre char de jeunes plants d'oliviers jusqu'au jardin d'Olympie. Là, en guise de remerciement aux dieux cléments, il aurait planté un superbe verger, vivant symbole de sa victoire.

DANS LA RÉALITÉ, l'olivier fut implanté dès l'époque préhomérique pour assurer la production d'huile. Initialement destinée à l'usage exclusif de l'éclairage et des soins du corps, l'aromatique et nourrissant liquide ne tarda pas à trouver le chemin des cuisines ! Venant à bout des intempéries les plus violentes, et se contentant pendant des siècles d'un sol aride et peu fécond, l'arbre robuste et puissant par excellence prospéra à travers le pays tout entier, et ce jusqu'à nos jours. Mais depuis les années 1950, l'urbanisation galopante d'une Grèce de plus en plus tournée vers le tourisme et le manque de main-d'œuvre pour le ramassage des fruits ont déjà condamné plusieurs hectares d'oliveraies. Aujourd'hui, les exigences de la politique commune européenne commencent à menacer dangereusement cette culture traditionnelle. Les paysans grecs, qui ne possèdent en général que de petites surfaces cultivables, sont en effet peu à peu obligés d'abandonner la monoculture, pour satisfaire aux critères de l'Union européenne, qui imposent une diversification de la production. Sur le terrain, ces impératifs économiques se traduisent par l'arrachage impitoyable de plusieurs milliers d'oliviers... Ce désolant avatar du cadeau d'Athéna ne saurait pourtant faire oublier la fascinante beauté des champs d'oliviers – qui heureusement sont encore nombreux –, ni les traditions séculaires qui s'attachent toujours à l'huile d'olive.

RESPECTÉE, VÉNÉRÉE, OMNIPRÉSENTE, elle est encore associée aux rituels du baptême, lors duquel le corps entier du bébé est frotté d'huile d'olive bénite ; elle continue d'éclairer l'autel et les icônes des églises, et se trouve même présente devant les tombes des cimetières. Une autre tradition grecque, alimentaire celle-ci, consiste à placer sur la table un petit récipient plein d'olives. Cueillies encore fermes et marinées dans la saumure, elles constituent un accompagnement de choix pour l'ouzo, et agrémentent délicieusement les salades. Mais comme le fait remarquer Aris Fakinos dans son ouvrage intitulé *Grèce*, l'huile d'olive sait aussi bien alimenter les estomacs que les conversations : « Faire son huile est pour le paysan grec une opération aussi importante que, pour le paysan français, faire son vin. C'est un aliment essentiel, au même titre que le pain, auquel il est d'ailleurs accouplé dans l'expression : " Que Dieu ne nous prive ni de pain ni d'huile ", ou encore dans le proverbe " Le pain c'est la subsistance, l'huile c'est l'opulence ". »

LES OLIVIERS EUX-MÊMES, troncs noueux surmontés d'un feuillage qui évoque l'écume argentée d'une mer déchaînée dès le premier souffle de vent, sont empreints d'un riche passé. Dans la Grèce insulaire tout comme dans les îles subsistent encore quelques vibrants témoins d'événements célèbres.

EN BÉOTIE – contrée de l'ancienne Grèce –, et dans le Péloponnèse – au sud –, quelques spécimens aux dimensions spectaculaires ont la réputation d'avoir abrité sous leurs frondaisons les révolutionnaires du XVIIe siècle, puis les soldats de la guerre d'Indépendance, en 1821. Plus spectaculaires encore, certains arbres situés dans les massifs montagneux de l'Attique auraient vu les Romains eux-mêmes ! Réalité ou

légende ? Peu importe. Tout ce qui compte est la magie des lieux, de ces immensités quasi sauvages où brusquement le temps se fige.

LES CÉLÈBRES OLIVES NOIRES DE KALAMATA, bien connues des amateurs, proviennent de la plaine de Messénie dans le Péloponnèse. Ces fruits goûteux en forme d'amande sont cultivés sur les terrains les plus arides. La région d'Amfissa, superbe plaine fertile couverte d'oliviers, est également un lieu de production important. À quelques kilomètres de là se trouve l'un des sites les plus impressionnants qui soient : la vallée entourant la gorge du fleuve Pleistos, au pied du sanctuaire d'Apollon, à Delphes. La plupart des guides touristiques n'hésitent d'ailleurs pas à affirmer que ce lieu extra-ordinaire figure parmi les plus beaux paysages du monde. De fait, le souffle s'arrête devant un océan d'oliviers multi-centenaires, crevassés, sculpturaux, « torturés par les colères de l'Ébranleur de la Terre ». Autrefois intouchables et consa-crés aux prêtres d'Athéna, ces arbres sacrés continuent de fil-trer l'aveuglante lumière solaire à travers leur feuillage gris bleuté... et d'éblouir le commun des mortels.

Les îles de Corfou et de Zante sont remarquables par leur aspect : l'une et l'autre apparaissent comme une immense forêt d'oliviers séculaires. L'origine et le mérite de cette particula-rité reviennent aux Vénitiens qui, pendant toute la durée de leur occupation (de 1386 à 1797), encouragèrent, à grands ren-forts d'avantages financiers, les cultivateurs à développer les

oliveraies. Résultat : 3,1 millions d'arbres pour la seule île de Corfou, qui produit une petite olive noire, la « Lianolia », très riche en huile et en arôme.

MYTILÈNE ET SAMOS, près des côtes turques, sont également d'importantes productrices, ainsi que Thasos, au nord de la mer Égée, qui fournit d'exquises petites olives.

ÎLE DE TOUTES LES BEAUTÉS, LA CRÈTE constitue le point d'orgue du voyage au pays des dieux et des légendes. Considérés par les Grecs de l'époque classique comme les inventeurs de l'agriculture, les Crétois préhelléniques consacraient déjà une part importante de leur activité à la culture de l'olivier. De nombreuses tablettes d'argile datant de l'époque minoenne (2 700 à 1 100 av. J.-C.) ont permis, une fois déchiffrées, de constater que les impôts étaient payés en huile d'olive, laquelle était stockée dans d'énormes jarres de terre cuite décorées. Ces conditionnements, les premiers du genre, peuvent d'ailleurs être admirés à Cnossos, ainsi que sur d'autres sites minoens.

AUJOURD'HUI, l'olivier est cultivé un peu partout sur l'île, faisant la richesse de certaines familles crétoises. Plaines, lits de rivières, sols pentus et même montagnes (car l'arbre peut s'acclimater jusqu'à 600 mètres d'altitude), tous les terrains sont bons pour les quelques 13 millions d'oliviers officiellement recensés ! Les exploitations sont généralement très morcelées, et proportionnées aux dimensions de l'île, c'est-à-dire minuscules par rapport à celles des autres pays (2,6 hectares en moyenne). La majeure partie de la production est assurée par la région du Lassithi, étrange plaine située aux environs d'Héraklion, littéralement hérissée d'éoliennes destinées à assurer l'irrigation des sols au plus fort de l'été. Les olives sont récoltées entre la fin de l'automne et le début de l'hiver. Tout comme leurs premiers ancêtres minoens, les Crétois d'aujourd'hui, qui figurent parmi les plus gros consommateurs d'huile d'olive, placent sous les arbres des filets de nylon (version moderne des bâches antiques !), avant de gauler ou de peigner les fruits. La plupart des huileries appartiennent à des coopératives, qui exploitent également les noyaux pour produire une huile de grignons destinée à l'industrie alimentaire. Quant aux tourteaux d'olives, ils sont généralement réutilisés sous forme de combustible. Une nouvelle preuve, si besoin était, de l'extrême productivité de cet arbre nourricier si généreux.

La dernière cueillette de l'année a été organisée par la société Komili. Fondée en 1878 avec l'accord du sultan, cette fabrique est la plus ancienne de Turquie. L'usine Komili est basée à Ayvalik, une ville située le long de la mer Égée, dans une région où il y a 2,5 millions d'oliviers.

À DROITE.
Caglayan, le village de Fehime Ozveren, est un village yuruk dont les habitants, anciens nomades, se sont spécialisés dans la fabrication des kilims.

PAGE SUIVANTE.
Le Tas Kahvé de Cunda existe depuis plus de deux cents ans. C'est ici, face à la mer, que se retrouvent tous les hommes pour jouer au talva, une sorte de backgammon, et siroter du thé ou du raki.

PAGE PRÉCÉDENTE.

*Abandonnée depuis 1985,
cette huilerie datant de 1908
semble, avec ses presses intactes,
ses cuves, ses instruments
de mesure et ses sacs à olives,
prête à reprendre son activité
passée. Elle doit sa sauvegarde
à la firme Komili, qui organise
ici des dîners promotionnels
pour les journalistes.*

CI-CONTRE.

*Chez Ada Firini, le boulanger
de Cunda, un ancien port grec,
on fabrique de façon artisanale
le* pide, *pain du ramadan.*

À DROITE.

*Toute la famille de Zebra Uysal
vit dans cette maison du village
de Yenice Köyü. Propriétaires
de quelques hectares, ils vivent
de la récolte du tabac
et des olives.*

La Turquie

AUTRES FERVENTS CONSOMMATEURS, les voisins turcs d'Anatolie commencent leur journée par des tartines de pain grillé qu'ils trempent dans un grand bol d'huile d'olive pressée à froid ! L'amour et la culture de l'olive s'inscrivent en majuscules dans leur histoire. L'olivier, qui est certainement l'un des premiers végétaux cultivés dans cette partie centrale de la Turquie, a toujours été une source de prospérité pour toutes les grandes civilisations qui s'y sont succédées.

VÉRITABLE CREUSET DE CULTURES, la région anatolienne a donné naissance à une cuisine unique, connue sous le nom de cuisine ottomane, qui accordait une place de choix à l'huile d'olive. Aujourd'hui, la culture gastronomique turque est encore très fortement imprégnée par cette influence, et ne saurait se concevoir sans une utilisation privilégiée de l'olive et de son huile. Raffinement et convivialité se retrouvent aussi bien dans la langouste grillée juste nappée d'un filet d'huile fruitée, que dans le fromage blanc accompagné de simples olives, et partagé de grand cœur avec le visiteur. Mézés, salades,

boreks, sauces... la liste des mets mariant l'huile d'olive à d'aromatiques ingrédients est interminable.

EN TURQUIE, l'huile d'olive est classée en fonction de son arôme, de son acidité, de son goût et des méthodes de production. La meilleure qualité (vierge extra), de couleur vert jaune, est très riche en arômes. Elle s'obtient par des méthodes de pressage à froid, et son taux d'acidité ne dépasse pas 1 %. Les deuxième et troisième catégories sont des huiles d'olives vierges, dont le taux d'acidité ne dépasse pas 4,5 %. Les huiles d'un taux supérieur doivent être raffinées pour être comestibles. Elles ont alors un taux d'acidité proche de zéro, mais sont pratiquement sans couleur ni saveur... Elles sont surtout exportées aux États-Unis, car la plupart des consommateurs de ce pays ne sont pas habitués à la force du goût de l'huile d'olive naturelle.

LA TROISIÈME SORTE D'HUILE, baptisée « Riviera », est un mélange d'huiles naturelles et raffinées que l'on utilise plus particulièrement pour les fritures.

LA PRINCIPALE RÉGION DE PRODUCTION se situe autour d'Ayvalik, à deux heures d'Izmir et à une vingtaine de kilomètres des merveilles de l'ancienne Pergame (aujourd'hui

*C'est au café de Saganci
que se retrouvent devant
un verre de thé tous les hommes
du village pour discuter
des dernières récoltes de tabac,
de coton ou d'olives.*

*Composée de trois pièces,
l'une où l'on mange, l'autre
où l'on dort et la troisième
pour regarder la télévision,
cette maison du village
de Yenice Köyu abrite
une famille de huit personnes.*

Pergamon ou Bergama). 75 % des plantations se trouvent au bord de la mer Égée, juste en face de l'île de Lesbos et des sommets enneigés du Kaz. Les oliviers qui descendent en pente douce jusqu'au bord de la plage sont aussi majestueux qu'impressionnants. Le climat leur réussit manifestement, puisque certains ont atteint et même dépassé l'âge enviable de trois cents ans. La ville d'Ayvalik aurait, d'après un historien, été créée par les habitants d'îles avoisinantes chassés par les pirates. Mais une autre version prétend qu'elle aurait été la ville de ces mêmes pirates, ainsi que de contrebandiers. Quoi qu'il en soit, en 1 700, alors que l'Anatolie subissait le joug ottoman, Ayvalik jouissait d'un statut autonome qui permit aux habitants grecs de la ville de former un véritable État dans l'État. Ils contribuèrent à faire prospérer la ville, y construisant une académie et même, en 1819, une maison d'édition avant-gardiste. À cette époque, la production d'huile d'olive atteignait 1,3 million de litres, et la cité, qui exportait certains de ses produits (savons, peausseries, etc.) jusqu'en Russie, était connue dans le monde entier. Dans les années 1920, pourtant, les habitants grecs repartirent dans leur pays d'origine, et la ville commença à perdre un peu de son dynamisme. Aujourd'hui, tous les habitants d'Ayvalik sont marins et fermiers, et les filets de pêche font bon ménage avec les sacs d'olives. Car la ville demeure le centre d'une industrie consacrée à l'huile. Plusieurs sociétés y ont installé leur usine, à commencer par Komili, le producteur turc le plus important. Ce dernier commença son activité en 1878, dans le petit village de Komi, sur l'île de Midilli, avec pour seul capital une devise : « Si tu déçois le client ne serait-ce qu'une fois avec un mauvais produit, tu seras déçu de toi-même toute ta vie. » Cet adage porta ses fruits, puisque la maison Komili devint fournisseur exclusif du sultan en huile d'olive et en savons. Aujourd'hui encore, Komili continue à n'utiliser pour l'élaboration de ses huiles, que des olives d'Ayvalik, réputées pour leur extrême qualité.

SI LES BORDS DE MER sont paradisiaques, les campagnes n'en sont pas moins délicieuses. Parmi les champs d'oliviers qui recouvrent les montagnes, de minuscules villages sont paisiblement blottis, entre les ruches et les plantations de coton ou de tabac. Les maisons rudimentaires abritent des paysans tous plus chaleureux et accueillants les uns que les autres, avec

lesquels des liens se tissent immédiatement lors d'une simple conversation. À Yenice Köyu, petit bourg situé dans la province de Dikili, Ibrahim Abayli, vénérable patriarche âgé de quatre-vingts ans vous fera les honneurs de sa presse, elle-même âgée de deux cents ans ! Et il vous expliquera en détail comment il a produit son huile pendant plus de quarante ans, en n'utilisant qu'une simple presse actionnée à la main – avec l'aide de quatre hommes !

PLUS HAUT ENCORE, CAGLAYAN KÖYU, vieux village yuruk dans lequel se sont installées d'anciennes tribus de nomades originaires des steppes de l'Asie centrale, s'est spécialisé dans la fabrication des kilims. Tout autour, les olives mûrissent tranquillement jusqu'à la cueillette, assurée par des groupes de femmes en *salvar* (pantalons bouffants), qui s'accroupissent pour ramasser les fruits à la main, avant de les déposer dans un petit panier de bambou. Les hommes, quant à eux, sont chargés du gaulage, puis de la collecte des paniers pleins qui sont versés dans un grand sac. Une coutume amusante veut que lorsqu'un de ces ramasseurs oublie un groupe, les femmes construisent une pyramide de paniers surmontée d'une branche d'olivier, pour obliger le distrait à effectuer un gage. Folklore oblige, il s'agit le plus souvent d'une danse. Comme on le voit, les traditions ne sont pas près de s'éteindre, dans ces régions où les tracteurs n'ont pas encore réussi à détrôner les charrettes et les mulets...

CI-DESSUS.

L'huilerie de Murateli semble abandonnée depuis des siècles. Pourtant, derrière la porte, dans un décor d'un autre âge, Ósman Kiliç s'active avec enthousiasme.

DOUBLE PAGE SUIVANTE.

Comme beaucoup de fabriques, le moulin d'Emin Süner Zeytinyagi est placé le long de la baie d'Ayvalik, ville très prospère au début du siècle. Elle possédait des dizaines de tanneries, de fabriques de savons et d'huile d'olive, et exportait jusqu'en Russie.

18. ALGÉRIE — Paysage et Types

Collection Idéale P. S.

Tunisie, Maroc, Algérie

DE LÀ, LE VOYAGE SE POURSUIT vers le nord de la Syrie, le Liban, Israël et la Jordanie, quatre pays où une trop grande sécheresse empêche la production de s'étendre vers l'intérieur, avant d'atteindre l'Afrique du Nord, notre ultime étape. Égypte, Lybie, Tunisie, Algérie puis Maroc... cinq pays pour une seule et longue côte s'étirant d'Alexandrie à Casablanca. Cinq pays dans lesquels l'olivier pousse jusqu'aux limites du désert, où le rameau fait alors place à la palme, autre symbole de gloire. Ici, les oliveraies sont vastes et exigent un soin intensif, un apport d'eau exceptionnel, tout comme les nombreuses plantations d'arbres fruitiers qui émaillent le paysage. Comme l'affirme un vieux proverbe tunisien, « quand le sol a soif, le paysan a faim » ! Si la Tunisie centrale est très fortement exposée aux excès meurtriers d'un soleil trop violent pour les oliviers eux-mêmes, les habitants du littoral en revanche tirent de l'oléiculture une importante source de revenus. La zone à prédominance oléicole – qui englobe les deux tiers des oliviers tunisiens – s'adosse à la steppe de la Tunisie méridionale, pour s'étendre d'Hammamet à Sfax en une large bande côtière connue sous le nom de Sahel.

CETTE RÉGION PRIVILÉGIÉE par un climat exceptionnel doit essentiellement sa prospérité aux efforts d'irrigation consentis au fil des siècles en faveur de l'oléiculture. Initiée par les Romains, la production fut souvent mise en danger par les invasions successives, notamment celles des Vandales qui détruisirent les systèmes d'irrigation, laissant les paysans ruinés. Mais les habitants ne se découragèrent pas.

GRÂCE À LEURS EFFORTS SOUTENUS, le Sahel devint en effet non seulement une excellente terre agricole, mais encore une région riche et très fréquentée. Ceci explique l'existence d'imposants vestiges dans des villes de taille relativement modeste. El Djem en est le parfait exemple, avec son célèbre amphithéâtre pouvant accueillir trente mille personnes. À partir de 1881, grâce entre autres à l'initiative d'un colon

181. — TLEMCEN. — Vue vers le Minaret de Mansourah. — ND Phot.

8181 — Une rue du vieux Biskra

français, Paul Bourde, l'oléiculture connut un développement spectaculaire. La Tunisie qui comptait à cette époque environ six millions d'oliviers a pratiquement décuplé son patrimoine, qui atteint aujourd'hui plus de cinquante-cinq millions d'arbres. Au début de notre siècle, de nouveaux arbres furent replantés, faisant de cette région la plus grande oliveraie du Maghreb. Ces véritables forêts, dont le feuillage gris argent s'étend à perte de vue, donnent aujourd'hui au Sahel sa beauté particulière... et sa principale source de revenus.

QUATRIÈME PRODUCTEUR et deuxième exportateur mondial, la Tunisie ne cesse de prospecter de nouveaux marchés pour imposer son huile sur le marché mondial. Un enjeu déterminant pour la fragile économie du pays, qui explique la mise en œuvre de méthodes d'irrigation, de fertilisation et de production de plus en plus sophistiquées. Car l'olivier fait vivre à lui seul près d'un million de Tunisiens, rapportant chaque année au pays entre cent et deux cents millions de dinars (soit environ 600 à 1 200 millions de francs). Pour produire cette précieuse huile dont la qualité exceptionnelle est mondialement appréciée, les précautions les plus extrêmes sont observées. Les fruits, très solidement attachés aux branches, ne sauraient être récoltés autrement qu'à la main. Pas de vibreurs mécaniques, ni même de gaulage – au grand dam des producteurs qui se plaignent souvent de la main-d'œuvre –, car ces méthodes brutales risqueraient d'endommager les olives. La cueillette offre donc le traditionnel spectacle de femmes vêtues de couleurs vives qui, juchées sur de grandes échelles de bois, secouent les branches une par une pour faire tomber une pluie drue de fruits verts directement

201 – Labourage en Tunisie

F. Soler, phot.-édit., Tunis

28   TUNIS. — *Vue prise au Marché.* — LL.

dans une bâche, qu'elles ont pris la précaution d'étendre sous les arbres. Les fruits ainsi récoltés achèveront ensuite leur maturation dans des silos. La journée-type des cueilleuses commence au petit matin vers sept heures et s'achève avant les fortes chaleurs, au début de l'après-midi. Plus de six cents personnes sont ainsi employées, assurant une production moyenne quotidienne de cinquante kilos par personne. Un travail harassant, généralement confié aux villageoises, qui s'estiment le plus souvent insuffisamment payées en regard du travail accompli.

UNE PETITE PARTIE DE LA PRODUCTION – qui compte une cinquantaine de variétés – est consacrée aux olives de table, qui sont mises à tremper pendant une bonne semaine dans de l'eau, avant d'être plongées dans de la saumure, puis dans une marinade aromatique mêlant oranges amères, herbes, citrons séchés ou encore harissa...

AUTANT DE PRÉPARATIONS que l'on retrouve en Algérie, et bien sûr au Maroc, qui assure également une importante production. Cultivées un peu partout dans le pays, les oliveraies sont surtout concentrées sur la zone sud du Rif, dans la région de Marrakech, ainsi que dans le Moyen Atlas, autour des cités royales de Meknès et Fez. On retrouve dans cette région de superbes et très typiques pressoirs à olives, dont certains, toujours en fonction, sont creusés dans des blocs de pierre. Une bonne partie de la production est consacrée à la consommation intérieure, tandis que le reste est conditionné pour l'exportation, offrant un substantiel apport au commerce extérieur.

SOLIDE OU LIQUIDE, cette divine fille du soleil qu'est l'olive ne cessera jamais d'inspirer les poètes... ni de nourrir ses admirateurs. Comme l'affirme un célèbre adage : « Qui possède un olivier ne peut mourir pauvre ! »

des goûts et des couleurs

« LORSQU'ON FAIT UNE SALADE, CELUI QUI MET LE SEL DOIT ÊTRE UN SAGE,
CELUI QUI MET LE VINAIGRE UN AVARE ET CELUI QUI MET L'HUILE UN PRODIGE. »
Proverbe provençal.

*Une appétissante sélection
d'olives est présentée au centre
du magasin Alziari à Nice :
pimentées à l'escabèche, farcies
aux anchois, tailladées
aux herbes de Provence,
aromatisées à l'ail et au basilic,
ainsi que les fameuses
picholines de Provence
et les petites niçoises,
les « caillettes ».*

*Dans le bric-à-brac
de l'unique épicerie du village
de Caglayan, on trouve
les bidons d'huile de Komili.
Ce sont les rares producteurs
turcs à réaliser une huile
d'olive extra vierge de qualité,
car ici, pour une raison
de coût, les autres huiles
végétales prennent peu à peu
le pas sur les huiles d'olive.*

Rien n'est plus subjectif que le goût d'une huile. Certains l'aiment légère et douce, d'autre veloutée et fruitée ou même chargée d'une certaine amertume... Mais avant de la goûter, il est important de la connaître, de savoir ce que contiennent les bouteilles : avant tout un produit naturel, sans traitement chimique, l'huile est un produit issu du triturage de plusieurs kilos d'olives.

Les appellations européennes

LA COMMUNAUTÉ ÉCONOMIQUE EUROPÉENNE a classé, depuis le 1er janvier 1991, l'huile d'olive en trois catégories, en fonction des traitements qu'elle a subis et de l'acidité qu'elle contient.

CETTE ACIDITÉ est mesurée en acide oléique et exprimée en grammes ; elle augmente si les olives ayant servi à sa fabrication étaient trop mûres, stockées depuis trop longtemps ou piquées par la mouche de l'olivier. Cette réglementation très stricte s'applique dans tous les pays de l'Union européenne. Il est évident que les meilleures des huiles, pour la santé et le plaisir, sont celles classées « vierges », seuls « jus de fruit » véritables.

LES ROMAINS, COMME LES GRECS ET LES ÉGYPTIENS, connaissaient déjà trois types d'huile : « *olei flos* » ou fleur d'huile, huile vierge de première pression ; « *oleum sequens* » comme son nom l'indique, huile de seconde pression ; et enfin « *oleum cibarium* », huile ordinaire.

C'EST L'EMPEREUR DIOCLÉTIEN qui, au IVe siècle avant notre ère, réglementa le prix des huiles ; « *olei flos* » valait quarante deniers, « *olea sequens* », vingt et « *oleum cibarium* » seulement douze.

1. Huile d'olive vierge

C'est l'huile obtenue par simple pression mécanique à froid et qui a été ensuite décantée, centrifugée ou filtrée. C'est un aliment naturel, un pur jus de fruit, sain et équilibré.

– L'huile d'olive vierge « extra ». C'est la meilleure, au goût absolument irréprochable. Son acidité est au maximum de 1 g pour 100 g ;

– l'huile d'olive vierge « fine ». Elle est excellente, au goût irréprochable. Son acidité est au maximum de 2 g pour 100 g ;

– l'huile d'olive vierge « courante ». C'est une huile de bon goût. Son acidité est au maximum de 3,3 g pour 100 g ;

– l'huile d'olive vierge « lampante ». Cette huile est défectueuse et son acidité est supérieure à 3,3 g pour 100 g. Elle servait autrefois à la combustion des lampes, d'où son nom.

2. Huile d'olive raffinée

Comme son nom l'indique, cette huile a été raffinée, donc chauffée et par là même transformée. Son acidité est au maximum de 0,5 g pour 100 g.

3. Huile d'olive

Il s'agit d'un coupage d'huile d'olive vierge et d'huile raffinée. Son acidité est au maximum de 1,5 g pour 100 g.

L'analyse sensorielle

*Chez Nuñez de Prado,
on est très vigilant sur le degré
d'acidité de l'huile,
qui ne doit pas dépasser 1 %
pour leur huile extra vierge
« fleur de goutte ».*

LORSQUE VOUS GOÛTEZ UNE HUILE, vous l'aimez ou non, ceci est une simple question de palais. Mais seriez-vous capable, comme les professionnels de la dégustation, de véritablement « goûter » l'huile et d'en faire une analyse sensorielle ?

C'EST LE CONSEIL OLÉICOLE INTERNATIONAL qui a défini les différents critères de dégustation. Celle-ci se fait dans des verres bleus sans pied, afin de ne pas subir l'influence de la couleur, que l'on couvre d'un petit disque de verre, pour que les arômes ne s'évanouissent pas. L'huile est goûtée à la température de 28 °C, à l'aide d'une petite cuillère. Ces dégustations ont pour but de classer les huiles dans les différentes catégories que nous avons vues plus haut, et dans les concours, d'élire les meilleures huiles.

VOCABULAIRE DE BASE

FRUITÉ : flaveur qui rappelle à la fois l'odeur et le goût du fruit sain et frais, récolté à l'optimal optimum de maturité.

FRUITÉ MÛR : flaveur de l'huile d'olive tirée de fruits mûrs, généralement d'odeur effacée et de saveur sucrée.

GRIGNONS : flaveur caractéristique qui rappelle celle des grignons d'olives.

GROSSIER : perception caractéristique chez certaines huiles dont la dégustation provoque une sensation bucco-tactile dense et pâteuse.

HERBE : flaveur caractéristique de certaines huiles qui rappelle l'herbe fraîchement coupée.

LUBRIFIANT : odeur de l'huile d'olive obtenue dans une huilerie dont l'équipement d'extraction n'a pas fait l'objet de l'élimination appropriée des résidus de pétrole, de graisse ou d'huile minérale.

MARGINE : flaveur caractéristique acquise par l'huile à la suite d'une mauvaise décantation et d'un contact prolongé avec les eaux de végétation.

MÉTALLIQUE : flaveur qui rappelle les métaux, caractéristique de l'huile qui est demeurée longtemps en contact avec des aliments ou des surfaces métalliques, dans des conditions impropres, au cours des processus de broyage, de malaxage, de pression ou de stockage.

PLAT OU ÉTEINT : flaveur de l'huile d'olive dont les caractéristiques organoleptiques sont très faibles par suite de la perte de leurs constituants aromatiques.

POMME : flaveur de l'huile d'olive qui rappelle ce fruit.

MOISI-HUMIDE : flaveur caractéristique de l'huile obtenue avec des olives attaquées par des moisissures et des levures à la suite d'un chômage des fruits pendant plusieurs jours, dans l'humidité.

RANCE : flaveur caractéristique et connue à toutes les huiles et graisses ayant subi un processus d'auto-oxydation, par suite d'un contact prolongé avec l'air. Cette flaveur est désagréable et irréversible.

SAUMURE : flaveur de l'huile d'olive obtenue avec des olives conservées dans des solutions salines.

SAVONNEUX : flaveur donnant lieu à une sensation olfacto-gustative rappelant celle du savon vert.

SCOURTINS : flaveur caractéristique de l'huile obtenue avec des olives pressées dans des scourtins salis de résidus fermentés.

SPARTE : flaveur caractéristique de l'huile obtenue avec des olives pressées dans des scourtins en sparte neufs. La flaveur peut être différente selon qu'il s'agit de scourtins de sparte vert ou de sparte sec.

TERRE : flaveur caractéristique de l'huile obtenue avec des olives ramassées avec de la terre ou boueuses et non lavées. Dans certains cas, cette flaveur peut être accompagnée de celle de moisi.

VER : flaveur caractéristique de l'huile obtenue avec des olives ayant subi une forte attaque de larves de la mouche de l'olive.

VIEUX OU RENFERMÉ : flaveur caractéristique de l'huile lorsqu'elle demeure trop longtemps dans les récipients de stockage. Elle peut généralement être relevée chez les huiles conditionnées pendant une période de temps trop prolongée.

VINEUX-VINAIGRÉ : flaveur caractéristique de certaines huiles rappelant le vin ou le vinaigre. Cette flaveur est due fondamentalement à la formation d'acide acétique, acétate d'éthyle et éthanol, en quantités supérieures à la normale dans l'arôme de l'huile d'olive.

L'intensité de ces flaveurs est classée de 0 à 5, c'est-à-dire de nulle à extrême, en passant par à peine perceptible, légère, moyenne et grande.
Le dégustateur saura aussi mettre en valeur les saveurs et les arômes des huiles : arômes de fruits frais ou de légumes comme la banane, le melon, la poire, l'artichaut ou la tomate ; arômes végétaux : feuille de cassis, eucalyptus, menthe, avocat ; arômes de fruits secs : noix, amandes douces ou amères ; et arômes de chocolat.

Le conditionnement

LES GRECS ET ROMAINS DE L'ANTIQUITÉ conservaient l'huile d'olive dans de grandes jarres en terre que l'on enterrait. Les amphores, elles, servaient pour le transport, ce qui explique que l'on en trouve tant dans les bateaux coulés au fond de la Méditerranée.

LA CONSERVATION DANS LES JARRES EN TERRE a été la plus couramment utilisée au fil des siècles. Dans la région de Biot, on fabriquait encore au siècle dernier de grandes jarres au col vernissé qui contenaient environ douze litres d'huile. Vers Arles et Nice, on la conservait dans des récipients de terre, de chêne ou de faïence.

AUJOURD'HUI, l'huile est commercialisée en bouteilles de verre allant de 1/4 de litre à 1 litre, en passant par le 1/2 litre ; ou en bidons métalliques pouvant contenir jusqu'à 5 litres. Elle se conserve parfaitement à 18 °C, dans un endroit frais et sombre, car elle contient en grande quantité un antioxydant naturel, le tocophérol. Si vous la stockez à moins de 8 °C, elle va figer et présenter un aspect trouble qui ne nuira en rien à son goût. Sa conservation maximale est de deux ans, mais au bout d'un an, elle commence déjà à perdre ses arômes et sa couleur se modifie, allant vers une teinte plus pâle. Il est cependant assez difficile d'imaginer conserver l'huile plus d'un mois ou deux, les utilisations culinaires, à cru comme cuites, étant si variées !

Remplissage de bidons destinés au magasin Alziari, dans l'entrepôt contigu au moulin du boulevard de la Madeleine à Nice.

L'huile, source de lumière et huile sacrée

Cette Vierge veille au coin d'une ruelle d'un village situé dans la vallée de Calanchi de Bagnoregio, en Italie.

L'HOMME A TOUJOURS UTILISÉ L'HUILE POUR S'ÉCLAIRER et tous les chefs-d'œuvre de l'Antiquité méditerranéenne sont nés à la lumière des lampes à huile. Qui ne connaît ces petites lampes que les archéologues retrouvent sur tous les sites mis à jour ? Tenues à la main ou suspendues, elles étaient remplies d'huile lampante et une mèche y brûlait pendant une ou deux heures. Elles éclairaient les maisons et lors des banquets, les invités étaient tenus d'apporter l'huile pour remplir les lampes, afin que la lumière ne décline jamais. L'utilisation de ces lampes, les « calen », en Provence, a duré jusqu'au siècle dernier – bien que l'usage du suif et de la chandelle se soit répandu depuis le Moyen Âge –, peu à peu remplacée par les lampes à pétrole puis l'électricité.

LE CORAN a célébré la lumière de la lampe à huile en ces termes : « Dieu est la lumière des cieux et de la terre. Sa lumière est comme niche dans un mur ; où se trouve une lampe. Elle est allumée avec l'huile d'un arbre béni, un olivier ; et cette huile est allumée et l'éclat de sa lumière brille, sans que le feu y ait été mis. C'est lumière sur lumière. »

CETTE SYMBOLIQUE FORTE est toujours présente en Kabylie, où la lampe à huile est allumée à la tête du lit d'un nouveau-né. Elle brûlera sept jours durant, jusqu'à ce qu'on ait donné un nom à l'enfant. Même symbolique dans la Rome ancienne où on allumait plusieurs lampes pour les enfants qui allaient naître ; ces lampes portaient toutes un nom et on donnait à l'enfant le nom de celle qui s'éteignait la dernière, présage de longue vie. Allumer une lampe était avant tout symbole de passage, la petite lumière qui indique le chemin : jour de naissance comme nous l'avons vu, mais aussi jour de mariage, jour de récolte, jour des morts...

QUANT À L'HUILE, elle était sacrée, l'huile du baptême et de toutes les onctions. Les trois grandes religions méditerranéennes – le christianisme, le judaïsme et l'islam – font toutes allusion à l'huile sacrée dans leurs textes.

Sur une des consoles de la salle à manger de la fattoria Belsedere *est posé un huilier de voyage gravé aux armoiries de la famille Pannilini.*

Pour accompagner les mézés turcs, des huiliers sont posés sur toutes les tables des restaurants. Grands consommateurs d'huile, les Turcs ont produit 120 000 tonnes d'huile d'olive de table en 1993, c'est-à-dire 30 % de la production européenne, et ils n'en n'ont exporté que 10 % !

L'huile pour le corps et ses dérivés

AVANT DE PRENDRE LA PLACE qu'elle a aujourd'hui sur nos tables, l'huile était surtout un soin pour le corps. Les Grecs se rendaient toujours aux bains avec leur fiole d'huile : après le bain, ils se frottaient le corps d'huile pour le réchauffer et le stimuler, et éviter ainsi le dessèchement et les irritations dus au calcaire de l'eau. On offrait toujours une fiole d'huile à un invité de passage, au voyageur fatigué à qui elle permettait le retour à la civilisation. Ainsi, Ulysse, débarquant après son naufrage dans l'île de Nausicaa, se réjouit de recevoir des mains de la fille du roi Alcinoos, des vêtements propres et une fiole d'huile : « Je saurai me laver de l'écume qui couvre mes épaules et m'oindre de cette huile que depuis si longtemps ma peau n'a pas connue. » Quant au célèbre médecin Hippocrate, ne prônait-il pas les frictions à l'huile d'olive si l'on n'avait pas la possibilité de prendre de bain ?

LES GRECS AVAIENT POUR COUTUME D'OINDRE D'HUILE les statues des dieux, ainsi le célèbre *Zeus*, à Olympie (*Jupiter olympien)*, sculpté par Phidias, l'une des sept merveilles du monde, était sans cesse lustré d'huile toujours renouvelée.

L'HUILE ÉTAIT AUSSI TRÈS PRISÉE PAR LES ATHLÈTES, dans la Grèce antique comme à Rome, qui s'en massaient le corps avant les jeux ou les combats afin d'échauffer leurs muscles, de se protéger du chaud et du froid et d'éviter toute prise à l'adversaire. Après l'effort, de nouveaux massages éliminaient les courbatures. Aujourd'hui, nous avons toutes sortes de baumes qui remplissent le même office…

PARALLÈLEMENT AUX HUILES DE MASSAGE, on fabriqua les premiers parfums, qui n'étaient rien d'autre que de l'huile d'olive dans laquelle avaient macéré des fleurs, comme celles du dattier ou de l'iris. Plus tard, on apprit à extraire les essences spécifiques des plantes et des fleurs, les huiles essentielles. Les parfumeurs grecs choisissaient une huile très limpide, l'omphacine, obtenue à partir d'olives encore vertes, délicatement pressées pour ne pas en briser les noyaux.

Depuis trente ans, Nail Dede, le barbier de Cunda, utilise des savons à l'huile d'olive. Sur le rebord de la fenêtre sont posées des bouteilles de pirofani, *alcool utilisé par les pêcheurs pour remplir leur lampe.*

LE SAVON A PEU À PEU REMPLACÉ L'HUILE après l'effort. Les Gaulois le fabriquaient déjà, en mélangeant suif et cendres, sans aucune adjonction d'huile quelle qu'elle fut. Au Iᵉʳ siècle, on faisait bouillir de l'huile d'olive avec de l'eau et des cendres et on obtenait une émulsion à laquelle les Arabes ont ajouté de la chaux. Ce n'est qu'au XIᵉ siècle, à Marseille, mais aussi à Savone, Gênes et Venise, que l'on commença à fabriquer un savon dur à base d'huile d'olive. Et au XVIIIᵉ, les Marseillais trouvèrent le secret qui contribua à la gloire de la ville. Aujourd'hui, on fabrique toujours ce savon, une merveille biodégradable, excellente pour la peau.

Sa préparation demande plusieurs étapes :

– LA CUISSON : la pâte obtenue est cuite plusieurs heures avec de la soude pure ;

– LE RELARGAGE : on ajoute de l'eau salée qui va permettre l'élimination de la soude ;

– LA LIQUIDATION : la pâte est mise au repos et après plusieurs lavages à l'eau pure, dont le dernier se nomme liquidation, elle commence à durcir légèrement ;

– LE COULAGE : la pâte, encore suffisamment fluide, est versée dans des mises, bacs de refroidissement en ciment ;

– LE LEVAGE : la pâte repose quarante-huit heures ;

– LE DÉCOUPAGE : le savon est dur, formant une chape d'environ 30 kg. Elle sera débitée en pains, calibrés en 400 g, 1 kg et 2,5 kg ;

– LE SÉCHAGE : les savons sont entreposés sur des canisses afin de sécher ;

– LE MOULAGE : c'est la dernière manipulation avant l'emballage. Le savon est marqué au sceau de la marque.

SI L'HUILE DONNE LE SAVON, n'oublions pas le bois de l'olivier. Il nous offre des ustensiles de cuisine, saladiers, couverts, pilons et mortiers, cuillères percées pour égoutter les olives de la saumure, et même planchettes et tartineurs à beurre !

Une magnifique collection de savons de plus de cinquante ans d'âge, et tout ce qui se rapporte à la savonnerie, comme des cachets en bois ou en bronze, sont présentés au petit musée de l'Olivier à Nyons.

un trésor de santé

« Je ne saurais vous plaindre de n'avoir point de beurre
en Provence puisque vous avez de l'huile admirable. »
Madame de Sévigné.

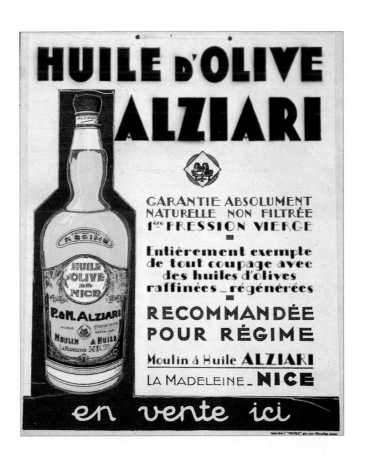

Qu'y a-t-il dans l'huile d'olive ?

DANS UNE OLIVE, il y a de 40 à 50 % d'eau, de 15 à 40 % d'huile, de 25 à 40 % de résidus solides, formés à 70 % de sucre, à 20 % de cellulose, à 5 % de protéines et à 5 % de sels minéraux.

QUANT À L'HUILE ISSUE DE CETTE OLIVE, c'est un corps gras, exactement comme les autres huiles ou le beurre, et il est composé d'acides gras. Il existe trois types d'acides gras, qui ont des effets totalement différents sur notre organisme : les acides gras saturés, les acides gras monoinsaturés et les acides gras polyinsaturés.

LA COMPOSITION DE L'HUILE D'OLIVE en acides gras est bien équilibrée, selon les travaux du docteur André Charbonnier et du professeur Bernard Jacotot qui poursuivent depuis longtemps leurs recherches sur les bienfaits de l'huile d'olive sur le plan médical. Ces affirmations, ne l'oublions pas, concernent exclusivement l'huile d'olive vierge extra, celle qui n'a donc subi aucun traitement, celle qui est juste le jus du fruit.

– Elle est riche en acides gras monoinsaturés, l'acide oléique.

– Elle est pauvre en acide gras saturés. Ces acides gras ont des effets pervers, qui ont tendance à augmenter le cholestérol sanguin. Ces acides gras sont surtout présents dans les graisses animales (sauf dans celles des poissons).

– Elle est riche en acides gras polyinsaturés. Ce sont des acides dont notre corps a besoin mais qu'il lui est impossible de fabriquer et qu'il lui faut donc trouver dans l'alimentation. Ce sont des acides dits « essentiels » : l'acide linoléique et l'acide linolénique.

– Elle est riche en vitamine E. Cette vitamine joue un rôle important dans la fécondité et la protection tissulaire anti-vieillissement pour la plupart des grands tissus et organes : cerveau, foie, globules sanguins, muscles et parois artérielles. Elle protège tissus et organes grâce à son activité anti-oxydante, activité « anti-radicaux libres ».

De formidables propriétés médicinales

DE NOMBREUX MÉDECINS, professeurs et chercheurs travaillent sans cesse sur l'huile d'olive et ses diverses propriétés médicinales. Le docteur André Charbonnier a établi un tableau complet, en l'état actuel des recherches, sur ses bienfaits :

– ESTOMAC : elle est le corps gras le plus digeste. Elle ne ralentit pas l'évacuation de l'estomac, ne s'oppose pas au reflux des aliments vers l'œsophage et ne modifie pas l'activité gastrique.

– FOIE ET VOIES BILIAIRES : elle favorise l'évacuation douce, régulière et complète de la bile vers l'intestin, met le foie au repos pendant la durée de son action sur la vésicule, ne modifie pas la teneur de la bile en cholestérol et n'augmente pas les risques de calculs biliaires.

– INTESTINS : elle facilite la digestion intestinale des aliments dits « lourds » comme les autres graisses. L'acide oléique la rend parfaitement assimilable pour l'intestin et toute l'énergie de l'aliment reste disponible pour l'organisme.

– SQUELETTE : l'acide oléique est indispensable à la composition de l'os humain et à sa croissance normale (importance de la consommation chez les enfants). Elle est le seul aliment gras qui favorise et maintien une bonne densité osseuse chez la femme adulte (prévention de l'ostéoporose).

– CERVEAU : grâce à la vitamine E et aux acides gras essentiels, elle protège le cerveau du vieillissement et des agressions toxiques, immunologiques et virales.

– ARTÈRES : la teneur élevée en vitamine E évite la formation de radicaux libres, en conséquence des plaques d'athérome. En abaissant l'agrégation plaquettaire, l'acide oléique de l'huile concourt à prévenir l'artériosclérose.

– VEINES : l'acide oléique abaisse la viscosité sanguine et permet à l'huile de prévenir et d'éviter les thromboses.

– SANG ET CŒUR : elle est l'aliment de choix dans les régimes de prévention des maladies cardio-vasculaires, infarctus du myocarde en particulier ; le cholestérol total reste inchangé, mais le bon cholestérol augmente, au détriment du mauvais.

Une ou plusieurs huiles ?

AMATEURS D'HUILE D'OLIVE OU PAS, il est agréable d'avoir au moins deux huiles dans son placard : une légère et douce réservée aux cuissons, et une plus fruitée, plus rustique, à utiliser crue. L'huile de maître Cornille, par exemple, sera exquise crue, nappant une grillade de bœuf, une pomme vapeur ou dans une vinaigrette pour une salade amère, alors que l'huile de Nyons sera parfaite pour saisir un filet de poisson ou une côte de veau. Mais rien ne vous empêche de choisir une huile fruitée pour faire sauter des langoustines aux fortes saveurs de mer…

ESSAYEZ, GOÛTEZ, et surtout achetez des huiles différentes lors de vos voyages dans les pays producteurs. Arrêtez-vous dans les moulins ou les coopératives où vous pourrez toujours acheter... et aussi visiter et quelquefois découvrir des merveilles admirablement conservées !

Crue ou cuite ?

CRUE, ELLE EST CET OR LIQUIDE qui magnifie la moindre salade, la plus petite crudité, le plus simple fromage frais. Mais il existe un préjugé répandu en France, sauf dans le Midi, selon lequel l'huile d'olive n'est pas bonne pour la cuisson. Ce qui est faux ; elle se comporte parfaitement à la cuisson, bien mieux que les autres graisses : son point de fumé – la chaleur est telle que l'huile commence à dégager de la fumée – est de 210 à 230 °C, selon le degré d'acidité, alors que celui de l'huile d'arachide est de 210 °C, celui de l'huile de tournesol de 170 °C et celui du beurre, 110 °C. Elle est donc la meilleure des huiles de cuisson, convenant aussi bien aux sautés, aux plats mijotés ou aux fritures. Mais attention, il n'est pas recommandé d'atteindre ce point de fumé qui modifie la composition chimique de l'huile, dégageant des dégradations inodores mais nuisibles. Ces transformations sont valables pour tous les corps gras.

POUR CE QUI EST DES FRITURES, il a également été démontré que l'huile d'olive ne pénètre pas les aliments comme le font les autres huiles, mais qu'elle reste en surface ; et que sa digestibilité reste intacte même après plusieurs bains de friture, qu'ils soient de poissons ou de viandes.

L'O.N.I.D.O.L., organisme interprofessionnel des oléagineux, a décidé du code des bonnes fritures, valable pour l'huile d'olive mais aussi pour toutes les autres huiles :

– LA TEMPÉRATURE DE CUISSON doit rester inférieure à 190 °C, la température optimale étant 180 °C, sachant que les fritures sont excellentes dès 165 °C. Pour savoir si une huile a atteint la bonne température, plongez-y un cube de pain : s'il remonte aussitôt à la surface en dorant, la bonne température est atteinte. Réglez alors la chaleur de votre feu ou de votre plaque.

– ÉVITEZ LE POINT DE FUMÉ : il est à 210 °C pour une huile neuve et à 180 °C pour une huile déjà utilisée. N'attendez pas que l'huile commence à fumer pour y plonger les aliments, et si elle fume très rapidement, changez-la.

– NE LAISSEZ PAS UN BAIN DE FRITURE SANS ALIMENT : la température s'élève plus rapidement si le bain est vide.

– CHANGEZ LE BAIN DE FRITURE SOUVENT : après six à huit utilisations, remplacez le bain. Si vous devez réutiliser un bain de friture, laissez refroidir l'huile et filtrez-la en éliminant les petits dépôts d'aliments qui se sont formés au fond du récipient de cuisson.

– SURVEILLEZ LA COULEUR DU BAIN DE FRITURE : dès qu'elle devient trop foncée et qu'une mousse persistante se forme à la surface, changez le bain car il s'oxyde trop rapidement.

– CONSERVEZ L'HUILE DU BAIN DE FRITURE à l'abri de la lumière pour éviter toute oxydation, dans une bouteille.

ESSAYEZ LES CUISSONS À L'HUILE D'OLIVE : faites l'expérience d'un simple steak poêlé à l'huile d'olive, avec un brin de thym et une petite gousse d'ail. Dès qu'il est cuit, servez-le nappé d'un filet d'huile vierge... Vous ne pourrez plus choisir un autre corps gras !

Remèdes de bonne « fame » et recettes antiques

L'HUILE D'OLIVE PRÉVIENT ET COMBAT LA GUEULE DE BOIS : avant les excès, avalez une cuillerée à soupe d'huile qui tapissera les parois des tissus, freinant ainsi l'absorption d'alcool par ces tissus. Elle accélère aussi la vidange gastrique, créant une bile abondante qui permet une meilleure digestion. En périodes d'agapes, préparez un traitement de choc : 1 cuillerée à soupe d'huile d'olive, additionnée d'1 cuillerée à soupe de jus de citron et de 5 gouttes d'huile essentielle de romarin, à prendre en deux fois, à jeun et avant le repas. Les lendemains de fête, remettez-vous à neuf avec un bouillon de poireaux additionné d'huile d'olive.

ELLE COMBAT LES DIGESTIONS DIFFICILES ET LES CRISES DE FOIE : une cuillerée à soupe d'huile d'olive à jeun, suivie d'un jus de citron dilué dans un verre d'eau chaude et du repos, allongé. L'huile d'olive mixée dans avec un grand verre d'eau est un laxatif doux et naturel.

ELLE COMBAT LES DOULEURS : préparez une huile de massage en laissant infuser au bain-marie, sur feu très doux, 100 g de fleurs de camomille dans 1 litre d'huile d'olive. Filtrez et utilisez en massage.

ELLE COMBAT LES RHUMATISMES : liez à l'huile d'olive des feuilles de laurier pulvérisées et utilisez ce mélange en cataplasme.

ELLE EST EFFICACE POUR APAISER LES ENTORSES et les douleurs musculaires : enveloppez la partie douloureuse dans de la ouate imbibée d'huile d'olive et renouvelez souvent.

POUR SOULAGER VOS PIEDS FATIGUÉS : après un bain chaud, frictionnez-les pendant dix minutes avec un mélange d'huile d'olive et de jus de citron à parts égales.

POUR AVOIR UNE PEAU DE BÉBÉ : massez tout votre corps à l'huile d'olive en insistant bien sur les parties rugueuses avant de prendre votre bain. Vous pouvez parfumer cette huile en y faisant macérer des pétales de roses : 400 g de pétales pour 1/2 litre d'huile que vous laissez macérer une semaine avant de filtrer. Cette huile peut aussi être ajoutée à l'eau de votre bain – environ 3 cuillerées à soupe par bain.

POUR AVOIR UN VISAGE FRAIS : délayez 1 cuillerée à soupe d'argile en poudre dans de l'eau plate, avec 1 cuillerée à soupe d'huile d'olive. Appliquez ce masque 15 minutes, une à deux fois par semaine, et rincez à l'eau tiède.

POUR LUTTER CONTRE L'APPARITION DES RIDES : massez le visage, deux fois par semaine, avec un mélange d'huile d'olive et de jus de citron.

POUR AVOIR DES JAMBES ET DES BRAS DOUX : massez-les à l'huile d'olive additionnée de gros sel puis rincez à l'eau chaude.

POUR ADOUCIR LES MAINS SÉCHÉES ET GERCÉES : laissez tremper vos mains 30 minutes dans un bain d'huile d'olive tiède. Profitez-en ensuite pour faire vos ongles, leur pourtour aura été amolli par l'huile.

POUR ÉVITER LE DESSÈCHEMENT DES LÈVRES AU GRAND FROID : étalez quelques gouttes d'huile sur les lèvres.

POUR LES ONGLES STRIÉS OU CASSANTS : trempez-les chaque soir 5 à 10 minutes dans de l'huile d'olive tiède, puis essuyez-les et badigeonnez-les d'alcool iodé.

POUR AVOIR DES CHEVEUX BRILLANTS ET SOUPLES : frictionnez-les avant le shampooing du mélange suivant : 1 jaune d'œuf, 1 cuillerée à soupe d'huile d'olive, 6 cl de bière et 2 cuillerées à soupe de jus de citron. Rincez puis faites votre shampooing.

CONTRE LES CHEVEUX SECS : frictionnez-vous, avant de vous coucher avec le mélange suivant : 70 g d'huile d'olive, 150 g de rhum et 5 g d'essence de lavande. Dormez la tête couverte et faites un shampooing au réveil.

CONTRE LES PELLICULES : massez votre cuir chevelu avec un mélange de 150 g d'huile d'olive, 20 g d'huile de ricin et 20 g d'eau de Cologne.

POUR GARDER LES DENTS BLANCHES : frottez régulièrement vos gencives du bout du doigt imprégné d'huile d'olive, et gardez longuement l'huile dans la bouche.

autour de la table

Gaspacho

L'une des vedettes de la cuisine espagnole.

POUR 4 PERSONNES. PRÉPARATION : 30 MN.

1 concombre de 350 g

750 g de tomates mûres

1 poivron vert ou rouge de 200 g

1 branche de céleri avec ses feuilles

1 oignon nouveau de 50 g

1 gousse d'ail nouveau

1/2 citron non traité

1/2 c. à soupe de vinaigre de vin

125 g de mie de pain sèche

4 à 6 gouttes de Tabasco

3 c. à soupe d'huile d'olive

sel, poivre

1. Réduisez la mie de pain en fine semoule dans une moulinette électrique. Mettez-la dans une grande jatte.
2. Lavez les légumes. Coupez les tomates en huit ; le poivron en lamelles en le débarrassant des graines et des filaments blancs ; le céleri en tronçons de 2 cm ; le concombre en rondelles de 1 cm et le demi-citron en petits cubes, en retirant les pépins. Pelez l'oignon, lavez-le et coupez-le en deux. Pelez la gousse d'ail.
3. Passez dans une centrifugeuse, dans l'ordre suivant : tomates, céleri, concombre, poivron, ail, oignon et citron. Faites couler le jus des légumes dans la jatte, sur le pain. Mélangez. Ajoutez sel, poivre, vinaigre et Tabasco et mélangez encore.
4. Couvrez la jatte et laissez reposer 3 heures au moins au réfrigérateur afin que le potage soit bien glacé et la mie de pain bien imbibée de jus de légumes.
5. Versez le potage dans quatre bols, nappez d'huile d'olive et servez. Poivrez au moment de déguster.

Crème de poivrons doux

Dégustez cette soupe veloutée chaude ou froide.

POUR 6 PERSONNES. PRÉPARATION : 15 MN. CUISSON : 30 MN.

1 kg de gros poivrons doux, rouges, oranges ou jaunes

200 g de pommes de terre

1 petite carotte

1 branche de céleri avec ses feuilles

1 gros oignon frais

1 gousse d'ail nouveau

1 feuille de laurier

1 dl d'huile d'olive fruitée

sel, poivre

1. Rincez les poivrons et coupez-les en deux. Éliminez les graines, les filaments blancs et le pédoncule. Émincez-les finement.
2. Pelez la carotte et coupez-la en fines rondelles. Pelez l'ail et l'oignon et hachez-les, avec la côte de céleri. Pelez les pommes de terre, rincez-les et coupez-les en gros cubes.
3. Faites chauffer la moitié de l'huile dans une sauteuse et faites-y blondir carottes, ail, oignon et céleri. Lorsque le mélange est blond, ajoutez les poivrons et mélangez 2 minutes. Ajoutez les pommes de terre, la feuille de laurier, sel et poivre et couvrez juste d'eau. Portez à ébullition, couvrez la sauteuse, et laissez cuire 30 minutes.
4. Lorsque la soupe est cuite, passez-la au moulin à légume, grille fine, en éliminant le laurier. Vous pouvez aussi la passer au mixeur mais il vous faudra ensuite la verser dans une passoire afin d'éliminer les peaux des poivrons.
5. Servez cette soupe nappée du reste d'huile d'olive. Poivrez au moment de déguster.

Soupe au pistou

Vous pouvez, comme en Provence dont elle est un véritable symbole, faire cuire dans cette soupe une fois cuite 150 g de pâtes (macaronis coupés ou autre petites pâtes) avant d'ajouter le pistou.

POUR 6 PERSONNES. PRÉPARATION : 30 MN. CUISSON : 1 H.

1 kg de haricots frais à écosser

125 g de haricots mange-tout

250 g de pommes de terre à chair ferme

250 g de petites courgettes

250 g de tomates mûres

2 oignons de 100 g chacun

1 brin de basilic, 2 gousses d'ail nouveau, sel

Pour le pistou :

250 g de tomates mûres

1 gros bouquet de basilic (100 g)

4 gousses d'ail nouveau

1 dl d'huile d'olive fruitée

Pour servir :

100 g d'emmenthal ou de parmesan

finement et fraîchement râpé

1. Écossez les haricots. Effilez les haricots mange-tout, lavez-les et épongez-les. Lavez les courgettes et retirez-en les deux extrémités. Coupez chaque courgette en quatre dans la longueur puis en éventails de 1/2 cm. Écrasez les gousses d'ail d'un coup sec du plat de la main. Épluchez les oignons, émincez-les. Pelez les pommes de terre, lavez-les et coupez-les en cubes de 1 cm.
2. Ébouillantez les tomates 10 secondes, puis rafraîchissez-les sous l'eau courante, pelez-les, coupez-les en deux et éliminez-en les graines ; hachez grossièrement la pulpe.
3. Mettez tous les légumes, l'ail et le basilic dans une marmite de 4 litres et couvrez-les largement d'eau froide. Posez la marmite sur feu doux et portez à ébullition. Salez, couvrez et laissez cuire 1 heure à petits frémissements.
4. Pendant ce temps, préparez le pistou : ébouillantez les tomates 10 secondes, puis rafraîchissez-les sous l'eau courante, pelez-les, coupez-les en deux et éliminez-en les graines ; hachez grossièrement la pulpe et laissez-la s'égoutter dans une passoire. Pelez les gousses d'ail et coupez-les en quatre. Lavez le basilic, épongez-le et retirez les tiges.
5. Mettez tous les ingrédients du pistou – basilic, ail, huile et tomates – dans le bol d'un robot. Mixez jusqu'à obtention d'une fine purée.
6. Lorsque la soupe est cuite, retirez les gousses d'ail et le brin de basilic de la marmite. Versez la soupe dans une soupière. Ajoutez le pistou, mélangez et servez aussitôt, avec le fromage à part.

Potage froid, tomates, sauge et ail nouveau

Un potage estival qui fait la part belle aux tomates.

POUR 4 PERSONNES. PRÉPARATION : 15 MN.

CUISSON : 40 MN, À L'AVANCE.

1 kg de tomates mûres

12 feuilles de sauge fraîche, 6 gousses d'ail nouveau

4 c. à soupe d'huile d'olive fruitée, sel, poivre

1. Ébouillantez les tomates 10 secondes, puis rafraîchissez-les sous l'eau courante, pelez-les, coupez-les en deux et éliminez-en les graines. Hachez grossièrement la pulpe et mettez-la dans une cocotte en fonte de 4 litres.
2. Pelez les gousses d'ail, coupez-les en lamelles et ajoutez-les dans la cocotte avec les feuilles de sauge, sel et poivre. Versez 1 litre d'eau et portez à ébullition. Laissez cuire 40 minutes à feu doux et à couvert, puis retirez du feu.
3. Versez le contenu de la cocotte dans le bol d'un robot et ajoutez l'huile d'olive. Mixez à grande vitesse jusqu'à obtention d'une fine émulsion. Servir froid. Vous pouvez conserver le potage 12 heures au réfrigérateur avant de le déguster.

C'est dans cette pièce que la famille de Zeliha se restaure à la fin de la journée : un repas assez frugal qui débute souvent par une assiette d'olives.

Salade d'oranges à l'oignon frais et au cumin

*Une manière savoureuse de commencer
un déjeuner de soleil, au Maroc.*

**POUR 4 PERSONNES. PRÉPARATION : 15 MN.
2 H À L'AVANCE.
4 oranges non traitées
2 oignons frais
4 brins d'aneth fleuri
4 c. à soupe d'huile d'olive fruitée
1 c. à soupe de graines de cumin
poivre**

1. Pelez les oranges à vif, ou laissez-les entières si vous aimez en croquer la peau ; dans ce cas, rincez-les et épongez-les. Coupez les oranges en rondelles.
2. Pelez les oignons, rincez-les et coupez-les en fines rondelles. Effeuillez l'aneth.
3. Rangez les rondelles d'orange dans un plat et parsemez-les de rondelles d'oignons. Nappez d'huile et garnissez d'aneth et de cumin.
4. Réservez au réfrigérateur 2 heures avant de servir. Poivrez au moment de déguster.

Légumes grillés au citron confit

*À savourer avec toutes les grillades
mais aussi avec de simples tomates en quartiers,
des tranches de mozzarella,
des cubes de féta ou des chèvres marinés... à l'huile d'olive.*

**POUR 6 PERSONNES. PRÉPARATION : 20 MN. CUISSON : 10 MN.
2 aubergines oblongues moyennes
3 courgettes moyennes
6 rondelles de citron confit à l'huile d'olive (p. 170)
et 4 c. à soupe de leur huile de marinade
4 c. à soupe d'huile d'olive peu fruitée
1 bouquet de ciboulette, sel, poivre**

1. Faites chauffer un gril en fonte ou préparez les braises d'un barbecue. Rincez les aubergines et les courgettes et coupez-les en tranches verticales de 1/2 cm d'épaisseur.
2. Coupez la ciboulette en larges tronçons. Coupez les rondelles de citron en 4 morceaux.
3. Huilez les tranches de légumes sur les deux faces avec l'huile d'olive peu fruitée, à l'aide d'un pinceau, et faites-les griller 1 minute sur chaque face, en les tournant afin qu'elles soient marquées de jolis croisillons. Dressez les tranches de légumes sur un plat. Salez, poivrez. Nappez-les de l'huile des citrons confits. Garnissez de morceaux de citrons et de ciboulette et servez sans attendre.

Poivrons grillés

*Une entrée qui ensoleille toutes les cuisines
de la Méditerranée.*

POUR 6 PERSONNES. PRÉPARATION ET CUISSON : 1 H.
6 gros poivrons rouges de 250 à 300 g chacun
6 gousses d'ail nouveau
1 dl d'huile d'olive fruitée
sel

1. Choisissez des poivrons lisses, brillants, charnus, au pédoncule encore vert (signe qu'ils sont fraîchement cueillis), sans meurtrissures. Lavez-les et épongez-les.
2. Faites griller les poivrons au gril du four ou sur les braises d'un barbecue, de tous côtés, jusqu'à ce que leur peau devienne brune ; mais il ne faut pas qu'elle carbonise car elle communiquerait aux poivrons un goût amer. La cuisson dure environ 30 minutes.
3. Lorsque les poivrons sont cuits, enfermez-les dans une terrine couverte et laissez-les tiédir pendant 15 à 20 minutes. Au bout de ce temps, la peau se retirera très facilement.
4. Pelez les poivrons puis ouvrez-les en deux. Conservez le jus qu'ils contiennent dans une terrine. Jetez le pédoncule, les graines et les filaments blancs. Découpez chaque demi-poivron dans le sens de la longueur, en rubans de 3 à 5 cm de large et mettez-les dans la terrine.
5. Pelez les gousses d'ail et coupez-les en fines lamelles. Ajoutez-les aux poivrons, avec l'huile et un peu de sel. Mélangez.
6. Servez aussitôt cette superbe salade encore tiède ou bien laissez-la macérer au réfrigérateur pendant quelques heures. Vous pourrez la conserver 48 heures.

– *Cette salade peut être servie en entrée avec des œufs mimosa, une salade de tomates, de la purée d'aubergines, des filets d'anchois, des olives, de la mozzarella ; mais elle peut aussi accompagner viandes et poissons froids.*

– *Les poivrons rouges grillés mixés avec huile d'olive, jus d'ail, sel et piment de Cayenne deviennent un délicieux coulis qui, chaud ou froid, pourra napper très agréablement des poissons et crustacés cuits à la vapeur.*

Citrons en salade au persil

*Choisissez les gros citrons à la peau granuleuse
qui contiennent beaucoup de zeste.*

POUR 6 PERSONNES. PRÉPARATION : 15 MN, À L'AVANCE.
2 gros citrons non traités, 1 gros bouquet de persil plat
2 échalotes fraîches, 1 dl d'huile d'olive fruitée
sel, poivre

1. Pelez les citrons à l'aide d'un épluche-légumes afin de retirez le minimum de peau. Coupez-les en deux et pressez-les. Réservez le jus, sauf 2 cuillerées à soupe, pour un autre usage.
2. Coupez les demi-citrons en 6 dans la hauteur puis en petits morceaux.
3. Pelez les échalotes, rincez-les et épongez-les. Coupez-les en deux dans la longueur puis en fines demi-rondelles. Mettez-les dans un plat creux et ajoutez l'huile, les 2 cuillerées à soupe de jus de citron, sel et poivre. Mélangez.
4. Rincez le persil et ciselez-le grossièrement au-dessus du plat. Ajoutez les morceaux de citron et mélangez. Couvrez et réservez 12 heures au réfrigérateur avant de servir.
– *Cette salade est excellente telle quelle avec du pain grillé nature ou frotté d'ail, avec des hors-d'œuvre variés ou des poissons crus ou cuits, des crustacés froids...*

Anchoïade

*Sur de fines tranches de pain grillé, pour y plonger
des crudités avant de les croquer, pour assaisonner
du mesclun ou des légumes vapeur tièdes...*

POUR 6 PERSONNES. PRÉPARATION : 15 MN.
50 g de pâte d'anchois
1,5 d'huile d'olive très fruitée
1 c. à soupe de vinaigre de vin vieux
2 c. à café de moutarde fine, 2 gousses d'ail nouveau

1. Pelez les gousses d'ail et passez-les au presse-ail au-dessus d'un bol.
2. Ajoutez la pâte d'anchois, la moutarde et le vinaigre dans le bol. Mélangez puis versez l'huile en mince filet, en battant au fouet afin d'émulsionner l'anchoïade.

Salade de légumes grillés

*Cette salade se retrouve dans tous les pays
d'Afrique du Nord.*

POUR 6 PERSONNES. PRÉPARATION : 20 MN. CUISSON : 30 MN.
1 aubergine de 300 g, 1 poivron rouge de 250 g
1 poivron vert de 250 g, 4 grosses tomates mûres
6 grosses gousses d'ail nouveau
1 dl d'huile d'olive très fruitée
2 c. à soupe de jus de citron, sel

1. Allumez le gril du four. Rincez les légumes, épongez-les et posez-les sur la grille du four, au-dessus de la lèchefrite. Laissez griller les légumes 30 minutes : les poivrons et les aubergines doivent être noirs et les tomates fripées.
2. Réservez les légumes dans une terrine couverte et laissez-les tiédir. Ensuite pelez-les et retirez les graines et les filaments des poivrons, et les graines de tomates.
3. Mettez les légumes dans une assiette creuse et hachez-les avec deux couteaux. Nappez-les d'huile et de jus de citron, salez et servez aussitôt, encore tiède, ou froid.

Tarama

*De sa Grèce natale, le tarama a fait le tour du monde.
Voici une recette très simple à préparer chez soi, où l'huile
est autant la vedette que les œufs de cabillaud.*

POUR 6 PERSONNES. PRÉPARATION : 15 MN.
200 g d'œufs de cabillaud fumé
1 dl d'huile d'olive fruitée
1 c. à soupe de jus de citron
piment doux
piment fort

1. Retirez la peau de la poche d'œufs de cabillaud.
2. Mettez les œufs dans le bol d'un robot avec le jus de citron et l'huile. Ajoutez piment doux et fort à volonté. Mixez jusqu'à obtention d'une fine purée.

– Dégustez ce tarama sur de fines tranches de pain grillé.

Aubergines marinées à la menthe

*Les aubergines comme on les aime en été,
en Italie.*

POUR 6 PERSONNES.
PRÉPARATION : 10 MN. CUISSON : 10 MN. MARINADE : 6 H.
12 aubergines oblongues de 150 g chacune
6 c. à soupe de vinaigre de Xérès
1 dl d'huile d'olive fruitée, 4 gousses d'ail
1 c. à café d'origan, 6 brins de menthe
sel, poivre

1. Éliminez le pédoncule des aubergines. Lavez-les et coupez-les en quatre dans la longueur. Poudrez-les de sel et faites-les cuire à la vapeur pendant 10 minutes environ, jusqu'à ce qu'elles soient tendres.
2. Lorsque les aubergines sont cuites, égouttez-les dans une passoire puis laissez-les refroidir. Mettez-les ensuite dans un plat creux.
3. Pelez les gousses d'ail et coupez-les en fines lamelles en éliminant le germe. Lavez les brins de menthe, effeuillez-les et épongez les feuilles. Mettez le vinaigre, l'huile, du sel et du poivre dans un bol et émulsionnez le tout à la fourchette.
4. Versez le contenu du bol sur les aubergines et mélangez. Ajoutez l'origan, les feuilles de menthe, en les froissant entre vos doigts, et l'ail. Mélangez encore. Laissez mariner 6 heures au moins ou jusqu'au lendemain avant de servir.

Crostini comme à Rome

Il existe mille manières de préparer les crostini, ces délicieuses bouchées croquantes que l'on sert dans toute l'Italie.

**POUR 4 PERSONNES. PRÉPARATION : 15 MN, À L'AVANCE.
CUISSON : 1 MN.**

8 tranches de pain de campagne

8 fines tranches de jambon de Parme ou de San Daniele

2 mozzarellas au lait de bufflonne

2 tomates mûres à point, 8 feuilles de basilic

2 c. à soupe d'huile d'olive, 25 g de beurre, sel, poivre

1. Pelez les tomates et coupez-les en 4. Coupez-les en lanières et mettez-les dans une passoire en les poudrant de sel. Laissez-les s'égoutter 1 heure.

2. Faites griller les tranches de pain. Coupez les mozzarellas en tranches d'1 cm. Beurrez le pain sur une seule face. Posez sur la face beurrée une tranche de jambon que vous pliez en deux, puis la mozzarella et les tomates. Nappez d'huile d'olive.

3. Allumez le gril du four. Faites griller les crostini pendant 2 à 3 minutes afin que le fromage commence a fondre. Garnissez chaque crostini d'une feuille de basilic et dégustez sans attendre.

Roquette aux pignons et au parmesan

Cette salade est une délicieuse entrée, mais elle peut aussi accompagner une viande blanche ou une volaille, grillée ou rôtie.

POUR 4 PERSONNES. PRÉPARATION : 10 MN.

200 g de roquette

4 c. à soupe de pignons

60 g de parmesan frais

3 c. à soupe d'huile d'olive

1 c. à soupe de vinaigre de vin vieux

1/2 c. à café de fleur de sel

1. Coupez les feuilles de roquette en trois ou quatre morceaux. Lavez-les et essorez-les.

2. Mettez la roquette dans un saladier. Ajoutez l'huile, la fleur de sel et le vinaigre et mélangez. Ajoutez les pignons et mélangez encore.

3. Parsemez la salade de parmesan en copeaux formés avec un couteau-économe. Servez aussitôt.

Tapenade

POUR ENVIRON 100 G DE TAPENADE. PRÉPARATION : 5 MN.

100 g de purée d'olive nature (Loliva de Cipriani ou Olivia de Vall'Auera)

1 c. à soupe de pâte d'anchois nature (Balena)

2 c. à soupe de vinaigre de Xérès

1 petite gousse d'ail, 4 c. à soupe d'huile d'olive

4 pincées de fleurs de thym (facultatif), poivre

1. Mettez la purée d'olive dans le bol d'un robot. Ajoutez la pâte d'anchois, le vinaigre de Xérès, l'huile d'olive, la fleur de thym et du poivre.

2. Pelez la gousse d'ail et passez-la au presse-ail au-dessus du bol. Mixez jusqu'à obtention d'une sauce homogène.

- Réservez cette tapenade dans des petits bocaux recouvert d'1 cm d'huile d'olive, au réfrigérateur. Elle se conserve plusieurs mois.

en un cylindre de 3 cm de diamètre. Coupez-le en rondelles de 1/2 cm d'épaisseur. Étalez chaque rondelle au rouleau à pâtisserie en un disque de 10 à 12 cm de diamètre.

4. Préparez la farce : écrasez le fromage à la fourchette en ajoutant sel, poivre et persil. Mélangez bien.

5. Disposez une noix de farce au centre de chaque disque de pâte. À l'aide d'un pinceau, mouillez d'eau légèrement les bords du disque de pâte, puis repliez la pâte sur elle-même, en appuyant du bout des doigts. À l'aide d'un emporte-pièce rond, découpez la pâte afin d'obtenir une parfaite demi-lune.

5. Faites chauffer de l'huile dans une petite friteuse ou une casserole, sur au moins 8 cm d'épaisseur. Lorsqu'elle est chaude, plongez-y les demi-lunes et laissez-les cuire quelques minutes, jusqu'à ce qu'elles remontent à la surface et qu'elles soient dorées sur toutes leur faces.

6. Égouttez les borek quelques minutes sur un papier absorbant et dégustez sans attendre.

Pouf borek

Des bouchées parfumées et croustillantes
que l'on déguste en Turquie.
Savourez-les à l'apéritif, avec un vin blanc frais.

POUR 4-6 PERSONNES. PRÉPARATION : 20 MN, À L'AVANCE.
PRÉPARATION ET CUISSON : 30 MN.

Pour la pâte :

250 g de farine, 1 yaourt nature de 120 cl
3 c. à soupe d'huile d'olive, 4 pincées de sel

Pour la garniture :

250 g de fromage de chèvre frais
3 c. à soupe de persil plat, grossièrement ciselé, sel, poivre

Pour la cuisson :

huile d'olive peu fruitée

1. Préparez la pâte : tamisez la farine dans une terrine. Faites un puits au centre et ajoutez le sel et l'huile. Lissez le yaourt avec une cuillère et ajoutez-le dans le puits. Mélangez du bout des doigts, jusqu'à obtention d'une pâte lisse et homogène. Réservez-la dans un sachet. Laissez reposer 1 heure au moins au réfrigérateur.

3. Lorsque la pâte a reposé, retirez-la du froid et roulez-la

Purée d'aubergines

Servez cette purée parfumée avec des tranches de pain
grillées, de la tapenade, des filets d'anchois à l'huile,
des lanières de poivrons grillés...

POUR 3-4 PERSONNES.
PRÉPARATION ET CUISSON : 1 H 30, À L'AVANCE.

2 aubergines oblongues de 250 g chacune
4 c. à soupe d'huile d'olive, 1 c. à soupe de jus de citron
1 petite gousse d'ail nouveau
2 à 3 pincées de cumin en poudre, sel

1. Allumez le four, th. 7 (225 °C). Rincez les aubergines et essuyez-les. Piquez-les de deux ou trois coups de couteau afin qu'elles n'éclatent pas pendant leur cuisson.

2. Posez les aubergines sur la grille du four placée au-dessus de la lèchefrite et cuisez-les pendant 45 minutes environ, jusqu'à ce qu'elles soient ratatinées. Retirez-les du four et laissez-les tiédir 30 minutes.

3. Pelez les aubergines. Écrasez leur chair à la fourchette plus ou moins grossièrement, en y ajoutant au fur et à mesure le jus de citron, l'huile et l'ail pelé et passé au presse-ail. Ajoutez sel et cumin. Servez à température ambiante, ou froid.

Haricots à l'huile d'olive

En Toscane, les haricots cuisent « al fiasco », dans un « fiasco » (une bouteille de chianti lavée et « déshabillée ») avec eau, huile, sauge et ail. La bouteille est alors fermée d'une boule de coton, afin qu'une partie de la vapeur puisse s'évaporer. Trois heures de cuisson sur une source de chaleur très douce et les haricots sont cuits, moelleux et imbibés d'huile d'olive. Ils sont aussi délicieux chauds que froids.

POUR 4 PERSONNES. PRÉPARATION : 20 MN. CUISSON : 3 H.
1 kg de haricots blancs frais, 2 feuilles de sauge
5 c. à soupe d'huile d'olive
1 c. à café de jus de citron, sel, poivre

1. Écossez les haricots et mettez-les dans un cocotte en fonte de 23 cm de diamètre. Ajoutez 4 fois leur volume d'eau et les feuilles de sauge. Posez la cocotte sur feu doux et portez à ébullition. Laissez cuire 3 heures à tout petits frémissements.
2. Au bout de ce temps, ajoutez l'huile et le jus de citron, sel et poivre. Mélangez délicatement et servez aussitôt.

Petits chèvres marinés aux herbes de Provence

Une entrée fraîche et estivale, au parfum de lavande.

POUR 4 PERSONNES. PRÉPARATION : 5 MN.
2 chèvres marinés avec 8 c. à soupe d'huile de marinade
400 g de fèves fraîches
4 c. à café de vinaigre balsamique
1/2 c. à café d'herbes de Provence
poivre

1. Pelez les fèves et plongez-les dans une casserole d'eau bouillante. Retirez ensuite la petite peau qui les recouvre.
2. Coupez les fromages en tranches et répartissez-les dans 4 assiettes. Parsemez-les de fèves et d'herbes de Provence. Poivrez et nappez d'huile. Répartissez le vinaigre en petites gouttes dans les assiettes et servez.

— *Accompagnez de pain de campagne grillé.*

Bagna cauda

Qui dit que le beurre et l'huile d'olive ne font pas bon ménage ? Voici l'exemple éclatant de leur mariage réussi.

POUR 6 PERSONNES. PRÉPARATION ET CUISSON : 15 MN.
12 anchois au sel
4 gousses d'ail nouveau
75 g de beurre, 4 c. à soupe d'huile d'olive fruitée
Pour servir :
tranches de baguette grillée
crudités : céleri, chou-fleur, radis, fenouil,
artichaut poivrade, poivron...

1. Rincez les anchois sous l'eau courante en les frottant afin d'éliminer tout le sel. Séparez-les en filets en éliminant tête et arêtes. Coupez chaque filet en petits morceaux.
2. Pelez les gousses d'ail et passez-les au presse-ail au-dessus d'une petite casserole. Ajoutez les anchois, le beurre et l'huile. Posez la casserole sur feu très doux et mélangez jusqu'à obtention d'une pâte lisse et homogène.
3. Servez aussitôt, sur les tranches de pain grillé ou plongez dans cette préparation toutes sortes de crudités avant de les croquer.

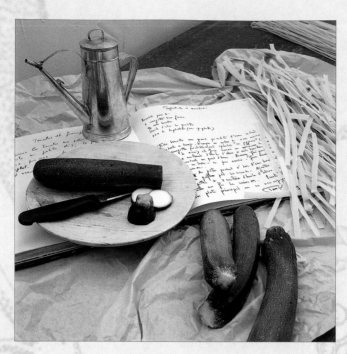

Tagliatelles au pistou à la génoise

*Les Génois se disent les « inventeurs » du pistou,
qu'ils ne conçoivent autrement que préparé
avec le savoureux basilic de leur région,
le seul à ne pas avoir un arrière-goût de menthe.*

POUR 6 PERSONNES. PRÉPARATION : 10 MN. CUISSON : 25 MN.
500 g de fines tagliatelles
250 g de pommes de terre
250 g de haricots verts fins
100 g de feuilles de basilic frais
3 gousses d'ail nouveau, 40 g de pignons
50 g de pecorino finement et fraîchement râpé
50 g de parmesan finement et fraîchement râpé
1,5 dl d'huile d'olive, 25 g de beurre
sel, poivre

1. Pelez les gousses d'ail, coupez-les en quatre et mettez-les dans le bol d'un mixeur. Ajoutez les pignons, le pecorino, sel, poivre et huile.
2. Rincez les feuilles de basilic et épongez-les. Ajoutez-les dans le bol et mixez pendant 2 minutes, jusqu'à ce que vous obteniez une purée verte : le pistou.
3. Pelez les pommes de terre et coupez-les en cubes de 2 cm de côté. Effilez les haricots, rincez-les et égouttez-les. Versez 5 litres d'eau dans une grande marmite et salez-la. Plongez-y les pommes de terre et laissez cuire 10 minutes. Ajoutez alors les haricots verts et laissez cuire 7 minutes. Ajoutez enfin les pâtes et faites cuire encore de 4 à 5 minutes, jusqu'à ce que les pâtes cuites soient *al dente*.
4. Égouttez les pâtes et les légumes en réservant 1 dl de leur eau de cuisson. Mettez-la dans un plat creux et ajoutez le beurre et le pistou en remuant. Faites glisser les pâtes dans le plat et mélangez bien avec deux fourchettes. Servez aussitôt.

– *Accompagnez de parmesan râpé.*
– *Les pignons peuvent être remplacés par des noix.*
Vous pouvez préparer ainsi d'autres types de pâtes, fraîches ou sèches : spaghetti alla chitarra, tagliolini (très fines tagliatelles que les Génois adorent), trenette, linguine. À Gênes, on utilise toujours du pecorino sec, mais vous pouvez le remplacer par autant de parmesan.

Pâtes aux courgettes

*Une recette très simple que vous pouvez additionner de
lamelles d'olives noires et servir avec du parmesan râpé.*

POUR 4 PERSONNES. PRÉPARATION : 15 MN. CUISSON : 30 MN.
300 g de tagliatelles fraîches, 500 g de courgettes
2 gousses d'ail
2 c. à soupe de basilic ciselé
1 dl d'huile d'olive fruitée, sel, poivre

1. Pelez les gousses d'ail et coupez-les en fins bâtonnets. Coupez les courgettes en tronçons de 5 cm de long puis en gros bâtonnets.
2. Faites chauffer la moitié de l'huile dans une sauteuse anti-adhésive de 28 cm et faites-y blondir l'ail. Mélangez, salez, poivrez et ajoutez les courgettes et 1 dl d'eau. Couvrez et laissez cuire 10 minutes environ, jusqu'à ce que les courgettes soient juste tendres et que toute l'eau se soit évaporée.
3. Faites bouillir de l'eau dans une marmite, salez, et plongez-y les pâtes. Faites-les cuire *al dente* puis égouttez-les et ajoutez-les dans la sauteuse. Mélangez puis ajoutez le reste d'huile et le basilic. Mélangez encore.
4. Versez les pâtes dans un plat creux et servez aussitôt.

*Amida et Maria Trombetti viennent de rouler
la pâte pour confectionner les tagliatelles.*

Tagliatelles
aux quatre poivrons grillés

Un plat multicolore, riche et puissant.

POUR 6 PERSONNES. PRÉPARATION : 10 MN. CUISSON : 30 MN

500 g de tagliatelles fines

4 poivrons bien charnus de 300 g chacun :

1 vert, 1 jaune, 1 rouge, 1 orange

2 grosses gousses d'ail

6 filets d'anchois à l'huile d'olive

100 g de thon à l'huile d'olive

1 piment oiseau

1/2 c. à café de sucre semoule

1/2 c. à café de cumin en poudre

1 dl d'huile d'olive fruitée

sel, poivre

1. Faites griller les poivrons au gril du four ou sur des braises, en les tournant sur toutes leurs faces, jusqu'à ce que leur peau noircisse. Retirez-les du four et laissez-les tiédir dans une cocotte couverte, afin de pouvoir les peler plus facilement.
2. Lorsque les poivrons sont tièdes, pelez-les, retirez-en les pédoncules, les graines et les filaments blancs. Coupez la pulpe en fines lanières et réservez l'eau qui s'écoule pendant cette opération.
3. Pelez les gousses d'ail et coupez-les en fins bâtonnets. Mettez-les dans une sauteuse antiadhésive de 26 cm de diamètre, avec l'huile et le piment émietté. Laissez blondir l'ail à feu doux puis ajoutez les lamelles de poivron. Poudrez de sucre, de sel, de cumin et poivrez. Laissez-les dorer 5 minutes dans l'huile, en les tournant sans cesse avec une spatule. Ajoutez le thon et les filets d'anchois et mélangez encore.
4. Faites cuire les pâtes *al dente* à l'eau bouillante salée puis égouttez-les. Mélangez-les aux poivrons pendant 1 minute puis ajoutez leur jus et mélangez encore.

– Vous pouvez déguster ces pâtes aussitôt, accompagnées de parmesan râpé, ou les laisser tiédir et même complètement refroidir.

Tagliatelles noires
aux fruits de mer

Les tagliatelles à l'encre de seiche, noires et parfumées, sont délicieuses avec des coques au goût puissant.

POUR 6 PERSONNES. PRÉPARATION : 5 MN, 2 H À L'AVANCE + 20 MN.

CUISSON : 20 MN

500 g de tagliatelles à l'encre de seiche

2 kg de coques

1 kg de petits calmars

1 dl d'huile d'olive fruitée

1 piment oiseau

2 gousses d'ail

sel, poivre

1. Laissez tremper les coques 2 heures à l'eau froide salée, en les remuant de temps en temps pour les débarrasser du sable qu'elles pourraient contenir.
2. Ensuite, égouttez les coques et mettez-les dans une cocotte de 26 cm de diamètre, posée sur feu vif. Lorsque toutes les coques sont ouvertes, versez-les dans une passoire placée au-dessus d'une terrine. Décoquillez-en les 3/4 et réservez les fruits dans un bol couvert. Laissez le jus des coques se décanter puis versez-le dans une petite casserole et laissez-le réduire à 1 dl, sur feu vif.
3. Nettoyez les calmars. Laissez les cornets entiers s'ils sont petits, sinon coupez-les en trois rondelles. Mettez-les dans une sauteuse antiadhésive de 28 cm de diamètre posée sur feu vif. Lorsqu'ils ne rendent plus d'eau, ils sont cuits. Tournez-les sans cesse pendant la cuisson, puis ajoutez les gousses d'ail pelées et passées au presse-ail, le piment émietté entre vos doigts et l'huile d'olive. Mélangez 30 secondes puis éteignez le feu et ajoutez les coques décoquillées aux calmars.
4. Faites cuire les pâtes à l'eau bouillante peu salée, *al dente*, puis égouttez-les et mettez-les dans la sauteuse, sur un feu doux. Mélangez-les 2 minutes à son contenu puis ajoutez les coques restantes en coquilles et mélangez encore 30 secondes. Servez aussitôt.

Spaghetti aux lamelles d'ail rôties

*Les pâtes « alio e olio » (ail et huile) comme on les aime
à Naples. Vous pouvez y ajouter un petit piment frais,
que vous couperez en rondelles et ferez juste blondir,
en même temps que les gousses d'ail ; vous aurez
des « pasta al alio, olio e peperoncino ».*

POUR 4 PERSONNES. PRÉPARATION ET CUISSON : 18 MN.
400 g de spaghetti
1 tête d'ail nouveau
1 dl d'huile d'olive fruitée
parmesan finement et fraîchement râpé
sel, poivre

1. Pelez les gousses d'ail et coupez-les en lamelles.
2. Versez l'huile dans une poêle antiadhésive de 18 cm et faites-la chauffer sur feu très doux. Ajoutez les lamelles d'ail et faites-les cuire de 7 à 8 minutes, toujours à feu très doux, sans les laisser dorer : elles doivent être moelleuses, couleur jaune paille, légèrement fripées.
3. Faites bouillir de l'eau dans une marmite, salez-la. Plongez-y les pâtes et faites-les cuire *al dente*.
4. Lorsque les pâtes sont cuites, égouttez-les et mettez-les dans un plat légèrement creux : ainsi, on ne tournera pas trop les pâtes pour les enrober de l'huile qui se déposerait dans le fond d'un plat trop creux. Poudrez-les de sel fin – cela évitera que l'huile glisse trop facilement sur les pâtes.
5. Versez le contenu de la poêle sur les pâtes. Mélangez et servez aussitôt avec du parmesan. Poivrez au moment de déguster.

— Utilisez toujours des pâtes à la semoule de blé dur, sans addition d'œufs. Vous pouvez réduire la quantité d'ail, ou au contraire la doubler. En hiver, éliminez le germe des gousses d'ail.
— S'il vous reste des pâtes, mettez-les dans une poêle et faites-les cuire sur les deux faces : vous obtiendrez une délicieuse croustillante.

Orrechiette comme à Bari

*À Bari, ces délicieuses petites pâtes
sont encore préparées à la main.*

POUR 6 PERSONNES. PRÉPARATION : 15 MN. CUISSON : 20 MN
500 g d'orrechiette
1,2 kg de petits bouquets de chou-fleur, de brocoli ou de « romano »,
chou-fleur vert tendre aux petits bouquets coniques
120 g de lard de poitrine maigre séchée
au sel et au poivre, ou de pancetta
4 c. à soupe d'huile d'olive très fruitée
100 g de pecorino finement et fraîchement râpé

1. Lavez les bouquets de chou-fleur, de brocoli ou de « romano » et plongez-les dans une grande casserole d'eau bouillante salée. Dès la reprise de l'ébullition, ajoutez les pâtes et laissez cuire *al dente*.
2. Pendant ce temps, coupez le lard en fins bâtonnets. Faites chauffer l'huile dans une sauteuse antiadhésive de 26 cm et faites-y dorer le lard.
3. Égouttez pâtes et chou-fleur et ajoutez-les dans la sauteuse. Mélangez sur feu moyen, en poudrant d'1/3 du fromage râpé. Mélangez et servez aussitôt, avec le reste du pecorino.

Fougasses aux olives

Délicieuse avec tous les plats d'été,
ou à l'heure de l'apéritif, avec un verre de vin blanc frais.

POUR 6 PERSONNES. PRÉPARATION : 30 MN, À L'AVANCE.
CUISSON : 20 MN.
500 g de farine
1 sachet de levure de boulanger lyophilisée de 8 g
2 c. à café de sel de mer fin
4 c. à soupe d'huile d'olive
75 g d'olives dénoyautées à l'huile

1. Mettez la farine sur le plan de travail. Poudrez-la de sel et creusez un puits au centre. Ajoutez la levure, 2 cuillerées à soupe d'huile d'olive et 1/4 de litre d'eau tiède : selon la farine que vous utiliserez, cette quantité pourra être réduite ou augmentée.

3. Du bout des doigts et en un mouvement vif partant du centre vers l'extérieur, mélangez tous les éléments jusqu'à obtention d'une pâte très souple.

4. Mettez alors la pâte dans une grande terrine légèrement farinée et couvrez-la d'un linge. Laissez-la reposer dans un endroit tiède, à l'abri des courants d'air, pendant environ 1 heure 30 : elle doit doubler de volume.

5. Pendant ce temps, coupez les olives en quatre.

6. Lorsque la pâte a levé, retirez le linge qui la recouvre. Allumez le four, th. 6 (200 °C). Faites retomber la pâte en la tapotant du bout des doigts et mettez-la sur le plan de travail. Travaillez-la rapidement et séparez-la en deux ou trois morceaux. Étalez-les légèrement sur le plan de travail.

7. Huilez légèrement la plaque du four et étalez les morceaux de pâte : ils doivent avoir une forme ronde ou ovale, de 2 cm d'épaisseur. Faites des fentes dans la pâte et écartez légèrement les bordures.

8. Badigeonnez au pinceau les fougasses avec le reste d'huile et glissez la plaque au four. Laissez cuire pendant 20 minutes environ, jusqu'à ce que les fougasses soient juste blondes. Dégustez tiède ou froid.

Petits pains au yaourt et à l'huile d'olive

Des petits pains à préparer au dernier moment
légers et tout simples à réaliser.

POUR 12 PETITS PAINS. PRÉPARATION : 20 MN. CUISSON : 25 MN.
400 g de farine
25 cl de yaourt au lait entier, à température ambiante
4 c. à soupe d'huile d'olive
4 c. à café rases de levure chimique
1 œuf
2 c. à soupe de sucre semoule
1 c. à café de sel

1. Allumez le four, th. 7 (225 °C). Battez l'œuf dans un bol, avec 1 cuillerée à soupe d'eau. Fouettez le yaourt pour le lisser.

2. Tamisez farine, levure et sel sur le plan de travail. Creusez un puits au centre, ajoutez le yaourt, l'huile et le sucre et mélangez-les à la farine, du bout des doigts, en mouvements circulaires, du centre vers l'extérieur, jusqu'à obtention d'une pâte homogène. Travaillez la pâte en l'étirant loin devant vous puis en la roulant en boule, pendant 7 à 8 minutes, jusqu'à ce qu'elle se détache des doigts et soit très lisse.

3. Formez avec la pâte 12 petits pains ovales que vous posez sur une plaque antiadhésive. Badigeonnez leur surface d'œuf battu. Glissez la plaque au four et laissez cuire 25 minutes, jusqu'à ce que les pains soient dorés. Retirez-les du four et laissez refroidir sur une grille.

– Dégustez ces petits pains coupés en deux, tartinés de beurre doux ou salé, avec des confitures, du miel, du jambon ou des fromages.

– Après les avoir dorés à l'œuf, vous pouvez parsemer ces petits pains de graines de cumin, de pavot ou de sésame blanc.

Dans sa finca à côté de San Lorenzo à Ibiza,
Maria Torres est l'une des rares Ibizenca à fabriquer
le pain chaque semaine dans son propre four.

Cake aux olives, aux parfums de garrigue

*Servez ce cake en tranches avec des viandes froides,
des poissons fumés, des fromages...*

POUR 6 PERSONNES. PRÉPARATION : 20 MN. CUISSON : 40 MN.

100 g d'olives noires à la grecque, dénoyautées

1/2 c. à café de romarin frais ciselé

1/2 c. à café de fleur de thym frais

150 g de farine

2 œufs

4 c. à soupe de lait

4 c. à soupe d'huile d'olive

2 c. à café de sucre

3/4 de c. à café de sel

1 c. à café 1/2 de levure chimique

poivre

Pour la cuisson :

1 noix de beurre

2 c. à soupe de farine

1. Allumez le four, th. 5 (170 °C). Beurrez un moule à cake de 18 cm de long puis parsemez de farine.
2. Cassez les œufs dans une terrine et ajoutez sel, poivre et sucre. Battez au fouet électrique puis ajoutez thym, romarin, lait et huile. Incorporez la farine et la levure en les tamisant puis les olives, en remuant avec une spatule.
3. Versez la préparation dans le moule et glissez au four. Baissez le thermostat à 4 (140 °C) et laissez cuire 40 minutes, jusqu'à ce que le cake soit gonflé et doré. Laissez-le reposer 5 minutes puis démoulez-le et laissez-le refroidir sur une grille.

Cake au lard et au parmesan frais

*Servez ce cake en entrée,
avec une salade verte légèrement aillée.*

POUR 6 PERSONNES. PRÉPARATION : 20 MN. CUISSON : 40 MN.

100 g de ventrèche (lard séché au sel et au poivre) ou de pancetta

ou de lard fumé en tranches d'1/2 cm d'épaisseur

50 g de parmesan finement et fraîchement râpé

3 c. à café de graines de cumin

150 g de farine

2 œufs

4 c. à soupe de lait

4 c. à soupe d'huile d'olive

2 c. à café de sucre

3/4 de c. à café de sel

1 c. à café 1/2 de levure chimique

poivre

Pour la cuisson :

1 noix de beurre

2 c. à soupe de farine

1. Allumez le four, th. 5 (170 °C). Beurrez un moule à cake de 18 cm de long puis parsemez de farine.
2. Coupez la ventrèche en petits cubes et faites-les dorer dans une poêle antiadhésive. Égouttez-les sur du papier absorbant.
3. Cassez les œufs dans une terrine et ajoutez sel, poivre et sucre. Battez au fouet électrique en incorporant lait et huile. Ajoutez la farine et la levure en les tamisant puis la ventrèche, le parmesan et 2 cuillerées à café de graines de cumin, en remuant avec une spatule.
4. Versez la préparation dans le moule et parsemez du reste de graines de cumin. Glissez au four. Baissez le thermostat à 4 (140 °C) et laissez cuire 40 minutes, jusqu'à ce que le cake soit gonflé et doré. Laissez-le reposer 5 minutes puis démoulez-le et laissez-le refroidir sur une grille.

Filets d'anchois marinés

Une manière très simple de préparer les anchois,
au cœur de l'été.

POUR 4 PERSONNES. PRÉPARATION : 30 MN, À L'AVANCE.
600 g de gros anchois frais
4 c. à soupe d'huile d'olive très fruitée
2 c. à soupe de jus de citron
2 c. à soupe de ciboulette ciselée
4 c. à soupe de gros sel de mer, poivre concassé

1. Demandez à votre poissonnier de vider les anchois. Rincez-les, épongez-les et mettez-les en couche dans une passoire inoxydable, en les poudrant de gros sel entre chaque couche. Laissez macérer 30 minutes.
2. Au bout de ce temps, rincez les anchois et séparez-les en filets en éliminant toutes les arêtes. Rincez les filets et épongez-les.
3. Émulsionnez huile et jus de citron à la fourchette dans un bol. Répartissez la moitié de cette émulsion sur quatre assiettes. Posez dedans les anchois, côté chair contre la citronnette. Nappez du reste de citronnette et réservez au frais. Laissez macérer 1 heure.
4. Au bout de ce temps, parsemez les poissons de ciboulette ciselée et de poivre concassé et servez aussitôt.

– *Accompagnez de pain grillé et de beurre doux ou de tapenade,*
d'oignons frais, de tomates cerise, d'une salade mélangée.

Anchois frais en cocotte au citron

Une recette que l'on retrouve sur toute la côte
du Sud de l'Italie.

POUR 4 PERSONNES. PRÉPARATION : 20 MN. CUISSON : 10 MN.
1 kg d'anchois frais moyens, 2 citrons non traités
4 c. à soupe de persil plat ciselé
1 c. à soupe d'origan, 4 gousses d'ail
1,5 dl de vinaigre de vin italien, ou de vinaigre d'Orléans
1,5 dl de vin blanc sec, 1 dl d'huile d'olive
1 piment oiseau, 4 clous de girofle
sel, poivre

1. Étêtez et videz les anchois. Lavez-les, égouttez-les et épongez-les dans du papier absorbant. Lavez les citrons et coupez-les en fines rondelles, en retirant les pépins. Pelez les gousses d'ail et hachez-les menu.
2. Versez 1 cuillerée à soupe d'huile dans une cocotte en fonte ronde de 4 litres et étalez-y une couche d'anchois, tête-bêche. Salez-les, poivrez-les, poudrez-les d'un peu d'origan, de persil et d'ail et ajoutez quelques rondelles de citron. Ajoutez le piment et les clous de girofle dès la deuxième couche. Continuez ainsi jusqu'à épuisement des ingrédients puis versez le vin et le vinaigre et nappez du reste de l'huile.
3. Posez la cocotte sur feu vif et dès l'ébullition, couvrez. Laissez cuire 10 minutes puis retirez du feu et portez à table, dans la cocotte.

– *Servez chaud ou froid.*
– *Préparez de la même façon de petites sardines et de petits maquereaux de ligne, les lisettes.*

Escabèche de rougets

*Cette recette vaut aussi pour les petits maquereaux,
les anchois ou les sardines.*

POUR 4 PERSONNES. PRÉPARATION : 15 MN.
CUISSON : 10 MN, 4 H À L'AVANCE.
8 rougets de 200 g chacun
100 g de feuilles de menthe fraîche, 4 gousses d'ail nouveau
1 dl de vinaigre de vin rouge, 1 dl d'huile d'olive, sel, poivre

1. Demandez à votre poissonnier d'écailler les poissons, de les vider en conservant leur foie. Rincez-les et épongez-les. Salez-les et poivrez-les.
2. Faites chauffer l'huile dans une poêle antiadhésive de 26 cm de diamètre et faites-y cuire les rougets 8 minutes, en les retournant à mi-cuisson. Égouttez-les sur un papier absorbant et mettez-les dans un plat creux. Réservez 5 cl d'huile de cuisson dans une petite casserole.
3. Versez le vinaigre dans une seconde petite casserole et ajoutez les feuilles de menthe. Portez à ébullition, mélangez et retirez du feu. Versez ce mélange dans l'huile réservée, laissez bouillir quelques secondes puis versez le tout sur les rougets.
4. Laissez refroidir 4 heures au moins avant de servir.

Coquilles saint-jacques poêlées à l'huile d'olive

*Servez ces délicieuses saint-jacques avec une salade
de mesclun ou de roquette assaisonnée d'huile de truffe
et garnie de copeaux de parmesan râpé.*

POUR 4 PERSONNE. PRÉPARATION ET CUISSON : 10 MN.
20 grosses noix de saint-jacques
4 c. à soupe d'huile d'olive
1/2 c. à café de fleur de sel, poivre

1. Rincez les noix de saint-jacques et épongez-les. Huilez-les sur les deux faces, avec la moitié de l'huile. Salez-les avec la moitié de la fleur de sel, et poivrez-les sur les deux faces.
2. Posez une poêle antiadhésive de 26 cm de diamètre sur feu vif et faites-y cuire les noix de saint-jacques 20 secondes sur chaque face. Répartissez-les dans les assiettes. Servez aussitôt.

Bouquets poivre et sel

*Essayez cette recette avec les délicieuses crevettes
de Bretagne et dégustez-les avec du pain
de campagne tartiné de beurre salé.*

POUR 4 PERSONNES. PRÉPARATION ET CUISSON : 5 MN.
300 g de crevettes bouquets vivantes
1 c. à soupe de poivre concassé fin
1 c. à café de fleur de sel
2 c. à soupe d'huile d'olive

1. Mettez le sel et le poivre dans une poêle antiadhésive de 26 cm de diamètre. Faites-les chauffer jusqu'à ce qu'ils sautillent et que le parfum du poivre se développe.
2. Ajoutez les bouquets dans la poêle et faites-les cuire 1 minute, en les tournant sans cesse. Arrosez-les d'huile, mélangez 30 secondes et servez aussitôt.

Calmars en persillade au vinaigre balsamique

POUR 4 PERSONNES. PRÉPARATION : 30 MN. CUISSON : 10 MN.
1 kg de calmars moyens
1 c. à soupe de vinaigre balsamique extra-vieux
2 c. à café de piment doux en poudre
4 pincées de piment fort en poudre
2 gousses d'ail nouveau
3 c. à soupe de persil plat ciselé
2 c. à soupe d'huile d'olive
sel, poivre

1. Pelez les gousses d'ail et hachez-les menu. Mélangez-les au persil et ajoutez les deux piments, sel et poivre.
2. Nettoyez les calmars, videz-les, rincez-les, épongez-les et coupez-les en lanières de 1/2 cm. Mettez-les dans une poêle antiadhésive et laissez cuire 7 à 8 minutes en tournant sans cesse, jusqu'à ce qu'ils ne rendent plus d'eau.
2. Ajoutez le mélange ail-persil et épices et la moitié de l'huile. Mélangez 2 minutes en tournant sans cesse puis versez le vinaigre balsamique, mélangez encore et retirez la poêle du feu.
3. Servez ces calmars chauds, tièdes ou froids.

Thon confit à l'ail nouveau

Les amateurs d'ail trouveront ici leur bonheur.
Ils pourront écraser la pulpe des gousses d'ail cuites
en y incorporant un peu d'huile de cuisson :
ils obtiendront ainsi une crème parfumée à tartiner
sur des tranches de pain grillées
qu'ils croqueront avec le thon.

POUR 4 PERSONNES. PRÉPARATION : 30 MN, À L'AVANCE.
CUISSON : 3 H.
1 tranche de thon blanc de 1 kg et de 4 cm d'épaisseur
12 grosses gousses d'ail nouveau
2 brins de romarin, 4 feuilles de laurier
4 clous de girofle, 8 pincées de noix muscade râpée
2 piments de Cayenne, 2 dl d'huile d'olive
1 c. à soupe de gros sel
1 c. à soupe de poivre concassé

1. Demandez à votre poissonnier de couper une tranche dans le poisson, juste après la partie ventrale. Rincez-la et épongez-la. Poudrez-la de gros sel et de poivre et laissez-la macérer 1 heure.
2. Au bout de ce temps, rincez le thon, épongez-le et mettez-le dans une cocotte pouvant juste le contenir. Couvrez d'huile, ajoutez les gousses d'ail entières, le laurier, les brins de romarin, les clous de girofle, le piment et la noix muscade.
3. Posez la cocotte sur feu doux et dès que l'huile frémit, couvrez et laissez cuire 3 heures à petits frémissements, sans y toucher.
4. Lorsque le thon est cuit, servez-le chaud ou tiède, accompagné de crème d'ail.
– Ce thon est tout aussi
excellent froid, avec des
crudités ou une salade de
roquette ou de mesclun.

Saumon mariné à l'huile d'olive

POUR 4 PERSONNES. PRÉPARATION : 5 MN, 3 H À L'AVANCE.
1 morceau de saumon de 400 g sans peau ni arêtes,
pris dans la partie dorsale
d'un saumon
2 c. à soupe de gros sel de mer
2 c. à soupe de sucre
2 c. à soupe de poivre concassé
Pour servir :
2 c. à soupe de ciboulette ciselée
4 c. à soupe d'huile d'olive fruitée
quartiers de citron, pain grillé

1. Rincez le morceau de saumon et épongez-le. Posez-le sur une assiette et poudrez-le de sucre, sel et poivre sur les deux faces. Couvrez-le d'un film adhésif et mettez-le au réfrigérateur. Laissez-le macérer 3 heures.
2. Au bout de ce temps, retirez le poisson du froid et rincez-le abondamment afin d'éliminer tout le sel et le sucre. Épongez-le et coupez-le en fines tranches : cette opération est facile car le poisson est bien froid et sa chair a été raffermie par la macération dans le mélange sel-sucre.

3. Répartissez les tranches de poisson dans quatre assiettes. Nappez-les d'huile et parsemez de ciboulette ciselée. Garnissez de quartiers de citron. Servez aussitôt, avec des tranches de pain grillées.

– Accompagnez de pommes
vapeur ou d'une salade
de mesclun.

À l'arrière de la cuisine de l'hôtel
Les Terrasses *à Ibiza, la maîtresse des lieux,*
Françoise Pialoux, a préparé des bocaux
de citrons confits, des anchois et des poivrons à l'huile.

Galette de bœuf au goût de pizza

Cette « pizza » est excellente chaude, tiède ou froide.

POUR 4-5 PERSONNES. PRÉPARATION : 10 MN. CUISSON : 10 MN.

500 g de steak haché, 100 g de chapelure

100 g de fromage : emmental, gouda, lerdameer, cheddar

200 g de coulis de tomate nature

6 filets d'anchois à l'huile d'olive, égouttés

8 olives noires, 1/2 c. à café de poudre d'origan

3 c. à soupe d'huile d'olive, sel, poivre

1. Allumez le four, th. 8 (240 °C). Étalez 1 cuillerée à soupe d'huile dans un moule à tarte en porcelaine à feu de 24 cm de diamètre.
2. Coupez les olives en lamelles et les filets d'anchois en 4 morceaux. Râpez le fromage avec une râpe à gros trous.
3. Mettez la chapelure dans une terrine et ajoutez la viande, sel et poivre. Mélangez bien puis étalez cette préparation dans le moule. Lissez la surface avec le plat de la main. Parsemez de fromage et nappez de coulis de tomate. Garnissez d'olives et d'anchois et poudrez d'origan. Nappez du reste d'huile d'olive.
4. Glissez au four et laissez cuire 10 minutes. Laissez reposer 5 minutes avant de servir, dans le plat.

Foie de veau au poivre

L'huile, ici encore, se mélange parfaitement au beurre.

POUR 4 PERSONNES. PRÉPARATION ET CUISSON : 15 MN.

2 tranches de foie de veau de 150 g chacune

et de 1,5 cm d'épaisseur

2 c. à soupe de noilly dry

1 c. à soupe de poivre concassé

1 c. à soupe de miel d'acacia

1 c. à soupe de vinaigre balsamique

3 c. à soupe de jus de citron

2 c. à soupe d'huile d'olive

25 g de beurre

sel

1. Épongez les tranches de foie. Faites chauffer l'huile dans une poêle antiadhésive de 26 cm de diamètre. Ajoutez le beurre et dès qu'il est fondu, faites-y cuire les tranches de foie 3 minutes de chaque côté, sur feu doux, pour une cuisson rosée. Salez à mi-cuisson. Retirez les tranches de foie de la poêle et gardez-les au chaud.
2. Jetez le gras de cuisson et versez le noilly dans la poêle. Mélangez en grattant le fond de la poêle avec une spatule pour détacher les sucs de cuisson du foie. Lorsque le noilly s'est évaporé, ajoutez le poivre et laissez-le légèrement griller. Versez le miel et laissez-le caraméliser. Versez le vinaigre et laissez-le réduire de moitié. Versez le jus de citron et laissez réduire de moitié.
3. Versez le jus rendu par les tranches de foie et dès l'ébullition, remettez le foie dans la sauce et faites-le réchauffer 10 secondes de chaque côté, sur un feu très doux.
4. Dressez les tranches de foie dans quatre assiettes chaudes. Ajoutez le beurre dans la poêle et laissez-le fondre à la chaleur de la sauce. Nappez les tranches de foie de sauce et servez aussitôt.

Une impressionnante collection d'objets en cuivre orne le mur de la **Fattoria Belsedere.** *La famille Pannilini n'a pas transformé sa cuisine depuis le XVIIIe siècle.*

Daube d'agneau à l'ail nouveau et au basilic

Fondante et parfumée, une daube liée au pistou.

POUR 4 PERSONNES. PRÉPARATION : 30 MN. CUISSON : 1 H 45.

1 kg d'agneau de lait désossé et dégraissé : épaule et gigot mélangés

2 têtes d'ail nouveau, 100 g d'oignons nouveaux

4,5 dl de coulis de tomates nature

24 grandes feuilles de basilic, 1 petite feuille de laurier

1 brin de thym, 2 brins de persil

4 c. à soupe d'huile d'olive

gros sel, sel fin, poivre

1. Coupez la viande en cubes de 2,5 cm de côté. Pelez les gousses d'ail. Liez en bouquet thym, laurier et persil. Pelez les oignons, rincez-les et hachez-les menu.

2. Faites chauffer 1 cuillerée à soupe d'huile dans une cocotte en terre ou en fonte de 4 litres et faites-y revenir les oignons 2 minutes sur feu doux, jusqu'à ce qu'ils soient translucides. Ajoutez les gousses d'ail - moins une -, mélangez 2 minutes puis mettez la viande et mélangez encore 5 minutes. Ajoutez le coulis de tomates et le bouquet d'aromates. Salez. Poivrez. Couvrez la cocotte et laissez cuire à feu doux pendant 1 heure 30, en tournant deux ou trois fois.

3. Au bout de ce temps, l'ail et la viande doivent être fondants et la sauce onctueuse ; si ce n'est pas le cas, laissez réduire la sauce quelques minutes à découvert. Retirez le bouquet garni et jetez-le.

4. Lavez les feuilles de basilic, épongez-les. Mixez-les avec la gousse d'ail réservée, le gros sel et l'huile. Versez cette purée parfumée dans la cocotte, mélangez délicatement pendant 5 secondes. Éteignez le feu et servez dans la cocotte de cuisson.

Agneau croustillant à l'ail et au romarin

Un plat mijoté aussi croustillant qu'une viande cuite au four, mais sous la croûte se cache une chair extrêmement fondante.

POUR 4 PERSONNES. PRÉPARATION : 5 MN, À L'AVANCE.

CUISSON : 3 H.

1 épaule d'agneau désossée : 1,3 kg de viande

8 gousses d'ail

8 sommités de romarin

1 dl de vin blanc sec

2 c. à soupe de gros sel de mer

2 c. à soupe d'huile d'olive

1. Frottez la viande avec le gros sel et laissez-la reposer 2 heures. Au bout de ce temps, rincez-la et épongez-la. Coupez-la en 12 morceaux.

2. Allumez le four, th. 3 (125 °C). Huilez légèrement une cocotte en fonte ovale de 29 cm. Huilez les morceaux de viande avec le reste d'huile et posez-les dans la cocotte , côté couenne vers le haut. Glissez ail et romarin entre les morceaux de viande. Versez le vin et couvrez la cocotte. Glissez au four et laissez cuire 3 heures, sans y toucher.

3. Lorsque la viande est cuite, laissez-la reposer 15 minutes dans le four éteint, cocotte découverte.

4. Jetez l'huile et déglacez les sucs de cuisson contenus dans la cocotte avec quelques cuillerées à soupe d'eau, sur feu vif, en remuant avec une spatule. Nappez la viande de ce jus au moment de servir. Servez chaud : la viande est dorée et croustillante.

Les Guerrini sont installés dans la vallée de Civita depuis trente ans, où ils cultivent vignes et oliviers.

Côtes de veau aux olives

*Olives, citron et cumin : trois parfums puissants
pour de délicates côtes de veau doucement cuites
dans un mélange beurre-huile d'olive.*

POUR 2 PERSONNES. PRÉPARATION ET CUISSON : 15 MN.
2 côtes de veau dans le filet de 300 g chacune, avec os
12 olives noires dénoyautées, 2 rondelles de citron confit (p. 170)
1/4 de c. à café de cumin en poudre, 1 c. à soupe de noilly dry
2 c. à soupe d'huile d'olive, 20 g de beurre
sel, poivre

1. Coupez le citron confit en éventails. Rincez les côtes de veau et épongez-les. Salez-les, poivrez-les et poudrez-les de cumin sur les deux faces.
2. Faites chauffer l'huile dans une sauteuse ovale en fonte de 29 cm. Ajoutez le beurre et dès qu'il est fondu, faites-y dorer les côtes de veau 4 minutes de chaque côté, à feu doux, entourées d'olives et de citron . Réservez-les sur une assiette.
3. Éliminez le gras de la cocotte et déglacez les sucs de cuisson de la viande avec le noilly. Repassez les côtes 10 secondes dans le jus et servez aussitôt.

Papillotes de foies de volailles au cumin

*En Afrique du Nord, on sert les foies de volaille poudrés
de cumin, qu'ils soient poêlés, en brochettes, ou grillés.*

POUR 2 PERSONNES. PRÉPARATION ET CUISSON : 15 MN.
6 beaux foies de volailles, 2 c. à café de cumin
2 c. à café de piment doux, 1 gousse d'ail
2 c. à soupe d'huile d'olive, sel, poivre

1. Allumez le four, th. 7 (225 °C). Dénervez les foies de volailles, rincez-les et épongez-les. Pelez la gousse d'ail et passez-la au presse-ail au-dessus d'une assiette creuse. Ajoutez l'huile, le cumin et le piment, sel et poivre. Passez les foies de volailles dans ce mélange.
2. Enfermez les foies de volailles dans des rectangles d'aluminium et roulez les bords afin de les fermer. Glissez au four chaud et laissez cuire 7 minutes. Servez chaud dans les papillotes.

Carpaccio

*Voici le carpaccio que l'on déguste en Toscane ;
vous pouvez y ajoutez des cœurs d'artichauts à l'huile,
coupés en fines tranches.*

POUR 6 PERSONNES. PRÉPARATION : 20 MN, 1 H À L'AVANCE.
1 tranche de viande de bœuf de 600 g, de 6 cm d'épaisseur,
parée et ficelée : filet, faux-filet ou rond
1 cœur de céleri-branche
1 morceau de parmesan frais de 50 g
1 citron non traité
sel, poivre

1. Glissez la viande dans un sachet plastique spécial congélation et mettez-la au congélateur. Laissez-la 1 heure : au bout de ce temps, la viande sera très ferme et facile à couper en fines tranches.
2. Pendant ce temps, coupez le cœur de céleri en rondelles. Coupez le parmesan en copeaux, à l'aide d'un épluche-légumes. Coupez le citron en 6 dans la longueur.
3. Lorsque la viande est froide, retirez-la du sachet et posez-la sur une planche. Coupez le sachet en deux afin d'obtenir une grande feuille que vous étalez sur le plan de travail. Coupez la viande en tranches de 3 mm d'épaisseur. Étalez les tranches de viande deux par deux et en les espaçant sur la feuille de plastique et repliez celle-ci sur la viande. À l'aide d'un rouleau à pâtisserie, aplatissez les tranches de viande : elles deviennent très vite translucides.
4. Tapissez six grandes assiettes plates de tranches de viande. Garnissez d'un quartier de citron et parsemez de céleri et de parmesan. Nappez d'huile et servez aussitôt. Salez et poivrez au moment de déguster.

– Ce carpaccio peut être servi en entrée avec une salade verte, mesclun par exemple, ou comme plat principal accompagné de légumes vapeur chauds.

Poulet caucase

En Turquie d'où est originaire cette recette,
on garde le bréchet, ce petit os en forme de fourche
qui est porte-bonheur, pour décorer le plat ;
il devient alors prétexte à toutes sortes de paris.

POUR 6 PERSONNES. PRÉPARATION : 20 MN.
CUISSON : 1 H 30, À L'AVANCE.
1 poulet de 1,2 kg prêt à cuire, 250 g de cerneaux de noix
50 g de mie de pain de campagne, 3 gousses d'ail
1 c. à café de paprika fort, 1 dl d'huile d'olive peu fruitée
1 oignon, 1 feuille de laurier, 2 brins de thym
1 carotte, 1 c. à soupe de gros sel de mer
1 c. à café de poivre concassé, sel, poivre

1. Versez l'huile dans un bol et ajoutez la moitié du paprika. Laissez macérer pendant la préparation du plat.
2. Retirez la peau du poulet et mettez-le dans une cocotte. Couvrez d'eau. Pelez l'oignon et la carotte, ajoutez-les dans la cocotte avec le thym et le laurier. Portez à ébullition, ajoutez le gros sel et le poivre concassé. Couvrez et laissez cuire 1 heure 30 à petits frémissements.
3. Pendant ce temps, mixez dans un robot les cerneaux de noix, la mie de pain, et les gousses d'ail pelées, jusqu'à obtention d'une fine pâte.
4. Lorsque le poulet est cuit, laissez-le refroidir dans son bouillon, retirez-le, effilez sa chair. Réservez le bouillon.
5. Versez 3 dl de bouillon dans le mélange pain-noix : la préparation doit être souple. Ajoutez le reste du paprika, du poivre et du sel à volonté. Incorporez le poulet à la moitié de la préparation et dressez-le sur un plat. Nappez du reste de sauce et versez dessus l'huile de paprika en mince filet. Réservez au réfrigérateur 3 heures avant de servir.

Blancs de poulet aux parfums de la Méditerranée

Accompagnez ce plat parfumé de purée d'aubergines,
de poivrons grillés, de caponata.

POUR 4 PERSONNES. PRÉPARATION : 10 MN. CUISSON : 10 MN.
6 blancs de poulet sans peau ni os
12 tranches de citron confit (p. 170)
12 filets d'anchois à l'huile d'olive
2 c. à soupe d'olives de Nice
4 brins de sarriette fraîche
1 piment oiseau
2 c. à soupe d'huile d'olive
poivre

1. Coupez chaque rondelle de citron en quatre éventails. Égouttez les filets d'anchois et coupez-les en morceaux de 1 cm.
2. Coupez les blancs de poulet en deux dans l'épaisseur puis quadrillez leur surface de quelques entailles peu profondes.
3. Versez l'huile dans une poêle antiadhésive de 30 cm. Ajoutez le piment, en l'émiettant entre vos doigts et faites chauffer sur feu doux. Faites cuire les escalopes de poulet 6 minutes à feu modéré, en les retournant à mi-cuisson. Retirez-les ensuite de la poêle et gardez-les au chaud.
4. Jetez l'huile de cuisson et mettez les anchois, les olives, la sarriette effeuillée et le citron dans la poêle. Mélangez 1 minute environ, avec deux spatules, jusqu'à ce que les anchois commencent à fondre.
5. Remettez les blancs de poulet dans la poêle, mélangez 30 secondes puis retirez du feu. Servez aussitôt. Poivrez au moment de déguster.

Caponata
La ratatouille telle que la conçoivent les Siciliens.

POUR 8 PERSONNES. PRÉPARATION : 30 MN. CUISSON : 30 MN.
12 H À L'AVANCE.

1,2 kg de petites aubergines

2 cœurs de céleri-branche, 150 g d'oignons

1 dl de vinaigre de vin, 1 c. à soupe de sucre

500 g de tomates mûres

2 cuillerées à soupe de câpres égouttées

150 g d'olives vertes dénoyautées

2 c. à soupe de basilic ciselé

1 dl d'huile d'olive fruitée, sel, poivre

1. Lavez les aubergines et coupez-les en cubes de 2,5 cm de côté, sans les peler. Pelez les oignons et émincez-les. Lavez les cœurs de céleri et coupez-les en rondelles de 1 cm d'épaisseur. Ébouillantez les tomates 10 secondes puis rafraîchissez-les sous l'eau courante, pelez-les, coupez-les en deux et hachez grossièrement la pulpe.

2. Faites chauffer l'huile dans une sauteuse de 28 cm de diamètre et faites-y dorer les aubergines 10 minutes environ, puis retirez-les. Mettez dans la sauteuse oignon et céleri, faites-les blondir 3 minutes à feu doux, en les mélangeant avec une spatule. Ajoutez ensuite les tomates, mélangez puis versez le vinaigre, ajoutez le sucre et le sel. Poivrez et laissez mijoter 20 minutes, en remuant de temps en temps.

3. Remettez alors les aubergines dans la sauteuse, laissez reprendre l'ébullition puis ajoutez câpres et olives. Laissez mijoter 10 minutes, retirez du feu. Faites refroidir 12 heures au moins avant de déguster, parsemez de basilic ciselé.

— Cette ratatouille se conserve 48 heures au réfrigérateur.

Artichauts au vin blanc et à la sarriette fraîche
Un légume parfait pour les côtes de veau rôties, les grillades d'agneau, mais aussi une entrée exquise, chaude ou froide.

POUR 4 PERSONNES. PRÉPARATION : 30 MN. CUISSON : 30 MN.

12 artichauts poivrades moyens

4 brins de sarriette fraîche

2 c. à soupe de persil plat ciselé

1 dl de vin blanc sec

1 dl d'huile d'olive

1 citron

sel, poivre

1. Coupez la queue des artichauts à environ 4 cm du cœur. Retirez les feuilles dures extérieures des cœurs et coupez les autres à 3 cm. Parez cœur et queue. Coupez le citron en deux et frottez les artichauts avec les demi-citrons, afin d'éviter qu'ils ne s'oxydent.

2. Faites chauffer l'huile dans une sauteuse de 24 cm de diamètre. Plongez-y les demi-artichauts et faites-les dorer à feu doux, en les retournant sans cesse. Ajoutez les brins de sarriette pendant cette opération.

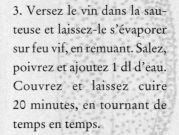

3. Versez le vin dans la sauteuse et laissez-le s'évaporer sur feu vif, en remuant. Salez, poivrez et ajoutez 1 dl d'eau. Couvrez et laissez cuire 20 minutes, en tournant de temps en temps.

4. Lorsque les artichauts sont cuits, toute l'eau s'est évaporée et ils sont dorés. Retirez la sauteuse du feu et ajoutez-y le persil. Mélangez, versez dans un plat et servez aussitôt.

Purée de pommes de terre au lait et à l'huile d'olive

Ne réchauffez pas cette purée délicatement parfumée car elle perdrait toute sa finesse et sa saveur.

POUR 4-6 PERSONNES. PRÉPARATION : 15 MN. CUISSON : 15 MN.

1 kg de pommes de terre bintje

2 dl de lait entier

4 c. à soupe d'huile d'olive très fruitée

2 pincées de noix muscade râpée, sel

1. Faites bouillir de l'eau dans la partie basse d'une marmite à vapeur.

2. Pelez les pommes de terre, lavez-les et coupez-les en cubes de 2 cm. Posez-les dans la partie perforée de la marmite et salez-les. Posez-les sur l'eau bouillante et laissez-les cuire pendant 15 minutes environ, jusqu'à ce qu'elles soient très tendres.

3. Au bout de ce temps, faites chauffer le lait dans une grande casserole. Passez les pommes de terre au moulin à légumes, grille fine, au-dessus de la casserole posée sur feu doux. Mélangez, en soulevant la préparation avec une spatule et non en la tournant, ce qui rendrait la purée élastique. Ajoutez l'huile en mince filet, sans cesser de soulever.

4. Salez la purée, ajoutez la noix muscade râpée. Servez aussitôt.

Imam bayaldi

Ou l'Imam évanoui, en traduction du turc, non devant le merveilleux plat que sa femme venait de lui préparer, mais devant la quantité d'huile d'olive, si chère, qu'elle avait utilisée.

POUR 4 PERSONNES. PRÉPARATION : 30 MN.

CUISSON : 15 MN, 12 H À L'AVANCE.

4 aubergines oblongues moyennes

500 g de gros oignons

400 g de tomates mûres à point

6 petites gousses d'ail, 4 c. à soupe de gros sel de mer

2,5 dl d'huile d'olive peu fruitée

1. Pelez les aubergines en ne retirant qu'une lanière de peau sur deux. Coupez-les en deux par le milieu afin de former une petite barquette que vous pourrez farcir. Mettez-les dans une terrine et couvrez-les d'eau additionnée de gros sel. Laissez-les macérer 30 minutes.

2. Pendant ce temps, pelez les oignons et coupez-les en rondelles d'1/2 cm d'épaisseur. Pelez les gousses d'ail et coupez-les en deux. Ébouillantez les tomates 10 secondes puis rafraîchissez-les sous l'eau courante, pelez-les et coupez-les en rondelles en éliminant les graines.

3. Lorsque les aubergines ont macéré 30 minutes, pressez-les entre vos doigts afin d'éliminer le maximum d'eau. Épongez-les dans un papier absorbant. Faites chauffer 1 dl d'huile dans une poêle et faites-y rôtir les aubergines sur toutes leurs faces. Égouttez-les et coupez-les en deux. Réservez-les dans un plat à four pouvant juste les contenir.

4. Allumez le four, th. 7 (225 °C). Éliminez l'huile de cuisson des aubergines et essuyez la poêle. Faites chauffer 2 cuillerées à soupe d'huile dans la poêle et faites-y à peine blondir les oignons.

5. Farcissez les aubergines des oignons et des tomates. Parsemez d'ail et versez 3 cuillerées à soupe d'eau au fond du plat. Nappez du reste d'huile et glissez au four. Laissez cuire 30 minutes puis retirez du four. Laissez reposer 12 heures avant de déguster à température ambiante ou au frais, en été.

Citrons confits

Une recette de base, à préparer avec les merveilleux citrons de la Côte d'Azur.

POUR 4 PERSONNES. PRÉPARATION : 30 MN, À L'AVANCE.
3 gros citrons non traités
environ 2 dl d'huile d'olive fruitée
3 c. à soupe de gros sel de mer

1. Lavez les citrons et coupez-les en rondelles de 1/2 cm d'épaisseur. Éliminez-en les pépins. Rangez-les en couches dans un saladier de verre ou de porcelaine, en les poudrant de sel entre chaque couche. Couvrez et laissez macérer 24 heures.
2. Au bout de ce temps, égouttez les rondelles de citrons dans une passoire inoxydable pendant 2 heures. Ensuite, épongez-les bien dans du papier absorbant et rangez-les dans un ou plusieurs bocaux. Couvrez largement d'huile.
3. Fermez le ou les bocaux et réservez-les dans un endroit frais et sombre. Ne dégustez les citrons que 8 jours après leur fabrication et prenez soin de toujours les couvrir d'huile lorsque vous en retirez un du bocal.

– *Ces citrons, que vous pouvez conserver plusieurs mois, sont un excellent condiment : ils accompagnent toutes sortes de viandes ou de poissons froids. Vous pouvez les déguster dans des salades de légumes crus ou cuits. L'huile, très parfumée, fait merveille pour assaisonner toutes les salades.*

Huile au gingembre

Utilisez cette huile telle quelle ou filtrée pour napper des lamelles de poisson cru ou pour assaisonner des salades à base de coquillages ou de crustacés, de légumes vapeur, de volaille froide...

POUR 6 PERSONNES. PRÉPARATION : 5 MN, À L'AVANCE.
1 dl d'huile d'olive fruitée, 50 g de gingembre frais

1. Pelez le gingembre et râpez-le dans une râpe cylindrique, munie de sa grille fine, au-dessus d'un bol.
2. Ajoutez l'huile dans le bol et mélangez. Laissez macérer 12 heures avant toute utilisation.

Sauce d'herbes et d'épices

À avoir dans son réfrigérateur, pour les poissons, les viandes ou les volailles grillées.

POUR 6 PERSONNES. PRÉPARATION : 15 MN.
2 c. à café de cumin en poudre
1/2 c. à café de piment de Cayenne en poudre
1 c. à café de piment doux
2 c. à café de ras-el-hanout
1 c. à café de poivre mignonnette
1 c. à café rase de sel fin
4 c. à soupe de jus de citron
1,5 dl d'huile d'olive, 2 gousses d'ail
2 c. à soupe de ciboulette ciselée
2 c. à soupe de coriandre ciselée

1. Mélangez les épices, le sel, l'huile et le jus de citron dans un bol, en fouettant à la fourchette.
2. Pelez les gousses d'ail et passez-les au presse-ail au-dessus du bol. Ajoutez les herbes, mélangez et servez.

– *Cette sauce se conserve 3 jours au réfrigérateur.*

Coulis de tomate au citron

POUR 4 PERSONNES. PRÉPARATION : 10 MN.
600 g de tomates mûres
1 dl d'huile d'olive fruitée, 2 c. à café de jus de citron
1 gousse d'ail nouveau, sel, poivre

1. Ébouillantez les tomates 10 secondes, puis rafraîchissez-les sous l'eau courante, pelez-les, coupez-les en deux et éliminez-en les graines ; hachez grossièrement la pulpe.
2. Mettez la pulpe de tomate dans le bol d'un robot avec l'huile, le jus de citron, sel et poivre. Pelez la gousse d'ail et passez-la au presse-ail au dessus du bol. Mixez 2 minutes à grande vitesse, jusqu'à obtention d'une très fine émulsion couleur corail.

– *Ce coulis se conserve 24 heures au réfrigérateur. Il peut accompagner toutes sortes de poissons cuits au four à micro-ondes, à la vapeur ou grillés.*

Gousses d'ail nouveau confites à l'huile

Vous pouvez conserver ces gousses d'ail dans un bocal, au réfrigérateur, pendant une quinzaine de jour.

POUR 4 TÊTES D'AIL. PRÉPARATION : 5 MN.
CUISSON : 15 MN, À L'AVANCE.
4 grosses têtes d'ail nouveau, 2 brins de sarriette fraîche
2 feuilles de laurier frais, 1 brin de romarin frais
huile d'olive fruitée, 1 c. à café de gros sel de mer

1. Détachez les gousses d'ail mais ne les pelez pas. Mettez-les dans une casserole.
2. Émiettez la sarriette et le romarin au-dessus de la casserole. Ajoutez les feuilles de laurier et le gros sel et couvrez d'huile.
3. Posez la casserole sur feu doux et dès que l'huile commence à frémir, comptez 15 minutes de cuisson à feu doux.
4. Lorsque les gousses d'ail sont cuites, égouttez-les et servez-les chaudes ou froides.

– *Elles peuvent être servies dans un mélange de hors-d'œuvre, accompagner des légumes grillés, des poissons ou des crustacés froids.*
– *L'huile de cuisson, délicatement parfumée, est excellente pour y cuire des viandes ou des filets de poisson.*

Aïoli

Sauce vedette du « grand aïoli » du Midi, où il magnifie la morue pochée, les escargots de mer au court-bouillon, les œufs durs et les légumes à l'eau.

POUR 4-6 PERSONNES. PRÉPARATION : 10 MN.
2 gousses d'ail nouveau, 2 jaunes d'œufs
1/4 de litre d'huile d'olive, jus de citron, sel

1. Pelez les gousses d'ail et passez-les au presse-ail au-dessus d'un bol peu évasé. Ajoutez les jaunes d'œufs et un peu de sel. Mélangez et laissez reposer 5 minutes.
2. Versez ensuite l'huile en mince filet, en fouettant, jusqu'à obtention d'une préparation très ferme. Ajoutez quelques gouttes de jus de citron, selon votre goût.

Confit de tomates épicé

Excellent sur des pâtes fraîches, des raviolis à la viande ou au fromage, pour napper des poissons vapeur, des fruits de mer...

POUR 1 LITRE DE CONFIT DE TOMATES. PRÉPARATION : 20 MN.
CUISSON : 20 MN.
1,5 kg de tomates mûres, 1 gousse d'ail nouveau
3 échalotes nouvelles, 1 piment oiseau
1/2 c. à café de cannelle en poudre
4 pincées de noix muscade râpée, 4 pincées de sel de céleri
1 c. à café de sucre semoule, 4 c. à soupe d'huile d'olive
25 g de beurre, sel, poivre

1. Ébouillantez les tomates 10 secondes, puis rafraîchissez-les sous l'eau courante, pelez-les, coupez-les en deux et hachez-les grossièrement au couteau. Pelez la gousse d'ail et les échalotes et hachez-les très finement.
2. Versez l'huile dans une sauteuse antiadhésive de 24 cm de diamètre. Ajoutez le beurre et le hachis d'ail et d'échalotes. Faites cuire 1 minute à feu très doux puis ajoutez-y piment, cannelle, muscade et mélangez encore 1 minute. Versez les tomates hachées dans la sauteuse. Ajoutez sel, sel de céleri, sucre et poivre. Couvrez la sauteuse. Laissez cuire 20 minutes à feu doux, en tournant de temps en temps, jusqu'à obtention d'une sauce confite et parfumée. Dégustez chaud ou froid.

Glace à l'huile d'olive

Recette du regretté José Lampreïa,
qui régna sur « La Maison Blanche »,
délicieux restaurant du XIVᵉ arrondissement de Paris.

POUR 4 PERSONNES. PRÉPARATION : 15 MN, À L'AVANCE.
1/2 litre de lait, 1 gousse de vanille
100 g de sucre semoule, 5 jaunes d'œufs
3 c. à soupe d'huile d'olive, 2 c. à soupe de miel
30 g de nougatine

1. Faites bouillir le lait avec la gousse de vanille fendue en deux dans la longueur.
2. Fouettez les jaunes d'œufs et le sucre dans une grande casserole. Versez le lait bouillant en fouettant sans cesse. Posez la casserole sur feu doux et laissez cuire la crème, sans cesser de remuer avec une spatule, jusqu'à ce qu'elle nappe la spatule, sans atteindre l'ébullition.
3. Laissez tiédir la crème puis ajoutez l'huile et le miel, sans cesser de fouetter.
4. Laissez refroidir puis ajouter la nougatine. Versez la crème dans une sorbetière et laissez prendre en glace.

– Dégustez cette glace avec des abricots ou des pommes poêlés à l'huile d'olive.

Kalbura basti

Littéralement « pressé dans un tamis » : c'est en effet
le tamis que l'on passe sur ces petits gâteaux turcs
qui imprime tous ces croisillons à leur surface.

POUR 6 PERSONNES. PRÉPARATION : 30 MN. CUISSON : 20 MN.
500 g de farine, 2 dl d'huile d'olive peu fruitée
1 dl de lait, 1/2 sachet de levure chimique
Pour le sirop :
300 g de sucre semoule
quelques gouttes de jus de citron

1. Préparez la pâte : tamisez la farine et la levure dans une terrine. Creusez un puits au centre et ajoutez le lait et l'huile. Mélangez tous ces ingrédients du bout des doigts, d'une seule main, en partant du centre vers les bords, tout en poussant la farine vers l'intérieur de l'autre main.
2. Lorsque tous les ingrédients sont bien amalgamés, travaillez la pâte des deux mains, en l'écrasant avec les paumes et en la roulant, jusqu'à ce qu'elle soit souple et se détache des doigts.
3. Allumez le four, th. 7 (225 °C). Détachez de la pâte des morceaux de la grosseur d'une noix, roulez-les entre vos mains afin de leur donner une forme ovale et marquez-les, sur les deux faces, avec un tamis. Posez-les au fur et à mesure sur une plaque à pâtisserie antiadhésive.
4. Glissez la plaque au four et laissez cuire 20 minutes environ : les gâteaux doivent être bien dorés.
4. Pendant la cuisson des gâteaux, préparez le sirop : mettez le sucre semoule dans une casserole. Ajoutez 2 cuillerées à soupe d'eau et le jus de citron et posez la casserole sur feu doux. Portez à ébullition et laissez cuire 2 minutes à feu vif.
5. Lorsque les gâteaux sont cuits, retirez-les du four et rangez-les dans un plat creux pouvant les contenir en une seule couche. Nappez de sirop bouillant et laissez refroidir avant de déguster.

Biscuit tiède à l'huile d'olive

*À savourer à l'heure du thé avec une marmelade
d'agrumes ou en dessert, avec une crème pâtissière
bien froide, elle-même additionnée
d'une cuillerée d'huile d'olive
et de quelques pincées de poivre et noix muscade.*

POUR 6 PERSONNES. PRÉPARATION : 15 MN. CUISSON : 40 MN.

200 g de farine

150 g de sucre semoule

1 dl d'huile d'olive peu fruitée

1 dl de vin muscat ou de sauternes

3 œufs

1 sachet de levure chimique

1 pincée de sel

Pour le moule :

1 noisette de beurre

1. Allumez four, th. 6 (200 °C). Beurrez un moule à manqué de 22 cm de diamètre.
2. Fouettez les œufs avec le sucre, jusqu'à ce que le mélange blanchisse. Ajoutez le vin et l'huile, en fouettant encore puis incorporez la farine, la levure et le sel, en les tamisant. Fouettez jusqu'à ce que la préparation soit lisse.
3. Versez la pâte dans le moule beurré et glissez dans le four chaud. Laissez cuire 35 minutes environ, jusqu'à ce que le biscuit soit blond. Retirez du four et laissez reposer 10 minutes dans le moule avant de démouler. Servez ce gâteau tiède.

Salade de fraises à la citronnette de menthe

*C'est Pierre Hermé, le talentueux chef-pâtissier
de la célèbre maison Fauchon,
qui a imaginé cette surprenante recette.*

POUR 4 PERSONNES. PRÉPARATION : 20 MN.

750 g de fraises

1 gros bouquet de menthe

1 c. à soupe de jus de citron

3 c. à soupe d'huile d'olive peu fruitée

50 g de sucre

poivre concassé fin

1. Rincez les fraises, équeutez-les et mettez-les dans 4 coupes.
2. Effeuillez la menthe et mettez-la dans une terrine. Ajoutez le jus de citron, l'huile, le poivre et le sucre et mélangez bien, jusqu'à ce que le sucre fonde.
3. Versez la citronnette sur les fraises et servez aussitôt. Mélangez au moment de déguster.

promenade gourmande

Les adresses données ici ne sont pas exhaustives.
Elles ont été glanées au fil de nos découvertes
et témoignent de nos coups de cœur.

ANDALOUSIE

Notre voyage sur la route des oliviers nous mène tout d'abord à Cordoue, au cœur de l'Andalousie. Là, une étape s'impose au stand numéro neuf du *Mercado de la Corodera*, où Maria Sanchez Soto propose depuis toujours ses huiles d'olive. Après ce premier avant-goût des saveurs du pays, il faut aller prendre un verre ou dîner chez *Salinas*, la taverne de Manuel Jimenez. On y déguste des spécialités telles que le *sangre encebollada*, sang de poulet mijoté aux oignons, ou encore le *bacaleo*, spécialité basque à base de morue, plat fétiche de l'écrivain Manuel Vasquez Montalban, à savourer avec un Moriles de Montilla, provenant des vignes de Cordoba. À deux pas de la sublime mosquée qui fut transformée en cathédrale par Charles Quint, le restaurant *Churrasco* est tenu par Rafael Carrillo Maestre. On y goûte les *berenas fritas*, les *salmorejos*, et les *setas a la plancha* du chef Francisco Madrid.

Dans les jardins de Benazuza.

À Cordoue, une multitude de petits cafés aux murs couverts d'images pieuses et de photos du célèbre torero Manolete servent des tapas exquises, accompagnées d'un plat d'olives et d'un verre de xérès. Une petite fenêtre témoigne de l'époque révolue où les femmes, interdites dans les cafés, pouvaient s'y faire servir à boire. Un des plus caractéristiques est sans doute le bar *El Tablon*, dont le plafond était autrefois orné d'une poutre en olivier de treize nœuds, que les propriétaires ont enlevé par superstition. Non loin de Séville, Carmona, petit village andalou aux ruelles enchevêtrées, nous invite à la découverte de ses patios secrets au caractère oriental, et de ses palais baroques datant des XVIIe et XVIIIe siècles. Un de ceux-ci a été transformé en un des hôtels les plus romantiques de toute l'Espagne : la *Casa de Carmona*. Comme dans toutes les haciendas du pays, l'organisation de la demeure se fait autour du patio, source de fraîcheur et lieu de rencontre.

À Séville enfin, après avoir pris le temps d'admirer l'Alcazar, la cathédrale ou la Casa de Pilatos, on s'arrêtera au café *La Casa Romana*, rendez-vous des toreros depuis 1934. C'est également le point de rencontre des poètes, et notamment de Rafael Alberti, l'Aragon espagnol. Dans ce bar pittoresque, les jambons pendent au plafond et les murs sont couverts de scènes de feria.

En quittant Séville, nos pas nous mènent vers l'hacienda Benazuza située à Sanlucar la Mayor. Cette ferme fut construite au XIIe siècle par les Arabes. Le roi Alphonse X s'en éprit lorsque Ferdinand III conquit l'Ibysilie musulmane

Manolete et affiches de corridas ornent les murs du bar de la taverne Salinas.

au XIIe siècle. Dès lors, diverses familles nobles, dont les comtes de Benazuza, en devinrent propriétaires, et la maison s'agrandit et se transforma petit à petit. Elle fut achetée au milieu du XIXe siècle par un des plus grands éleveurs de taureaux sauvages, Pablo Romero, et devint ensuite un hôtel de rêve entouré de jardins arabo-andalous, de fontaines, de cascades et d'étangs. À la fois ferme de labeur et demeure seigneuriale, elle fournissait

encore au début du siècle les villageois en huile. Outils, jarres et meules sont d'ailleurs exposés dans un petit musée de l'huile, mémoire du temps passé, installé à côté de la réception de l'hôtel. Les villageois continuent à venir prier durant la Semaine Sainte et la Pentecôte dans la chapelle attachée à l'hacienda.

Adresses

CARMONA
Hôtel Casa de Carmona
Plaza de Lasso, 1
Tél. : 95 414 33 00
Fax : 95 414 37 52

CORDOUE
El Churrasco
Romero, 16
Tél. : 29 08 19

Taberna Salinas
Tundidores, 3
Tél. : 48 01 35

El Tablon
Cardenal Gonzales, 69
Tél. : 47 60 61

SÉVILLE
Restaurant Casa Romana
Plaza de Los Venerables

SANLUCAR LA MAYOR
Hacienda Benazuza
Tél. : 95 570 33 44

SUD DE LA FRANCE

Dans cette région, nombreux sont les citadins, amoureux des saveurs et des odeurs de la Méditerranée, reconvertis dans la production de l'huile d'olive. Ainsi Pierre Poussou, ancien publiciste installé depuis quinze ans à Tourrettes-sur-Loup, s'occupe amoureusement des cent cinquante oliviers de son oliveraie de Pierredite, et produit une huile qui reçoit médaille sur médaille. La région possède surtout un riche patrimoine de moulins traditionnels, comme le moulin de la Madeleine, à Nice, construit en 1930, appartenant à la famille Alziari, et dans lequel on presse toujours l'huile. Ce sont encore les grignons chauffés à haut pouvoir calorifique qui font fonctionner ce vieux moulin. Près d'Arles, on pourra visiter le moulin de Fontvieille, celui des *Lettres*

de mon moulin d'Alphonse Daudet, ou le moulin de maître Cornille dans la vallée des Baux. À Nyons enfin, il faut absolument s'arrêter à la grange de Buis-les-Baronnies, dont le propriétaire, Pierre Chastel, met un point d'honneur à réaliser une huile de qualité, qui collectionne les prix, et détient le label A.O.C. La Société archéologique de Nyons a créé en 1984 un petit musée tenu par un conservateur bénévole haut en couleurs, René Gras. On y trouve tout ce qui touche aux oliviers : « saquettes » pour la cueillette, meules, presses, cuves, jarres en poterie, bouteilles,

bidons, lampes à huile, outils, savons de Marseille, étiquettes anciennes, etc. Il suffit de traverser la route pour trouver une excellente coopérative qui vend ses produits. L'huile et l'olive contribuent également à la réputation gastronomique de la région. Les amateurs de grande cuisine seront comblés au moulin de Mougins, près de Cannes, l'une des étapes gastronomiques les plus recherchées au monde, où Roger Vergé prépare une cuisine inspirée pour les gourmets. Alain Ducasse vient d'ouvrir un hôtel de sept chambres, *La Bastide de Moustiers*, au pied du village de Moustiers-Sainte-Marie. En cuisine, les plats sont préparés par Sonja Lee, assistante de Ducasse à Monaco, tandis que dans les salles de bains on se lave avec les savons et les lotions de Maurice Fabre, confectionnés bien sûr à base d'huile d'olive. À Nice, il faut absolument

visiter la très belle boutique *Nicolas Alziari* dirigée par Jean-Marie Draut. Située à côté du marché Saleya, elle propose une incroyable variété d'olives présentées dans de grandes jarres : picholines de Provence, au basilic, à l'ail, tailladées aux herbes de Provence, aux oignons, pimentées, à l'escabèche, farcies aux anchois, etc. On hésite entre deux sortes d'huiles : l'extra au goût de noisette, douce et finement parfumée, et une huile vierge, fine, beaucoup plus corsée pour ceux qui préfèrent une saveur plus forte. Sur les étagères, les savons et gels douche à l'huile aromatisés au miel, à la lavande, au citron, etc., côtoient des objets en bois d'olivier. On trouvera également de nombreux souvenirs, non loin de Grasse, dans les boutiques du moulin de la Brague ou chez Conti.

EN HAUT.
Jean-Marie Draut officie
dans sa très belle boutique
du Vieux Nice.

Une des salles de bains de la Bastide de Moustiers, *le nouvel hôtel d'Alain Ducasse.*

Collection de jarres au musée de l'Olivier de Nyons.

Adresses

BUIS-LES-BARONNIES
Pierre Chastel
Tél. : 75 28 10 54

FONTVIEILLE
Moulin de Bédarrides
Henri Bellon
Tél. : 90 54 70 04

GRASSE
Barthélémy Conti & Fils
138, route de Draguignan
Tél. : 93 70 21 42

MAUSSANE-LES-ALPILLES
Coopérative oléicole
de la vallée des Baux
Moulin Jean-Marie Cornille
Tél. : 90 54 32 37

Moulin du mas des Barres
René Quenin
Tél. : 90 54 44 32

MOUGINS
Roger Vergé
Restaurant du Moulin de Mougins
Tél. : 93 75 78 24

MOURIÈS
Moulin Rossi
Cours Paul Revoil
Tél. : 90 47 50 40

MOUSTIERS-SAINTE-MARIE
La Bastide de Moustiers
La Grisolière
Alain Ducasse
Tél. : 92 74 62 40

NICE
Boutique Nicolas Alziari
14, rue Saint-François-de-Paule
Tél. : 93 85 76 92

Le Moulin de la Madeleine
318, Boulevard de la Madeleine
Tél. : 93 44 75 63

NYONS
La Scourtinerie
La Maladrerie
Tél. : 75 26 33 52

Coopérative du Nyonsais
Place Olivier-de-Serre
Tél. : 75 26 03 44

Musée de l'Olivier
Place Olivier-de-Serre
Tél. : 75 26 30 37

Les vieux moulins à huile
Jean-Pierre Arnaud
4, promenade de la Digue
Tél. : 75 26 11 00

OPIO
Moulin de la Brague
Famille Michel
Tél. : 93 77 23 03

RAPHÈLE-LES-ARLES
Moulin à huile de La Cravenco
Tél. : 90 96 50 82

TOURRETTES-SUR-LOUP
Pierre et Édith Poussou
966, route des Valettes - Sud
Tél. : 93 24 12 81

TOSCANE

Notre voyage en Toscane commence à Fiesole, où Lucrezia Corsini Miari Fulcis ouvre les portes de la *Fattoria di Maiano*, ancien couvent dans lequel elle a installé son magasin. On y trouve des vins, des fruits et des légumes, et une huile, « Fattoria di Maiano », produite dans le moulin moderne situé sous le magasin.

Non loin de là, les cinéphiles et tous les amoureux de beaux paysages seront ravis par la Villa di Maiano dans laquelle une partie des scènes du film *Chambre avec vue* ont été tournées par James Ivory. La villa peut se louer en appartements ou pour organiser des fêtes. De ses jardins somptueux qui plongent sur Florence, on aperçoit la colline d'où Léonard de Vinci fit ses essais de vol. Un peu plus haut, le *Cave di Maiano* est un restaurant où il fait bon dîner les jours de grosse chaleur à Florence. Après avoir pris rendez-vous par téléphone, on pourra admirer le domaine de Bossi situé à une vingtaine de kilomètres de là, à Pontassieve. Il appartient à Vittoria et Bernardo Gondi. Dans cette impressionnante villa, on trouve une chapelle datant de 1592, ainsi qu'une *orciaia*, cave où sont entreposées les jarres du XVIIIe siècle frappées aux armoiries des Gondi. Mais la Toscane offre bien d'autres merveilleuses propriétés, toutes très fières de leurs oliveraies. Ainsi, à Nippozano, l'une des douze propriétés de Vittorio et Bona Frescobaldi, on montre au visiteur les oliviers plantés par le prince Charles d'Angleterre et la reine Béatrix de Hollande. Cette magnifique villa a été construite au XVIIe siècle et produit les huiles « Laudemio Marchesi de Frescobaldi » et « Casteljocondo ».

À Badia, l'abbaye de Passignano, gardée par trois moines, est entourée de magnifiques jardins de buis taillés et décorée de très belles fresques. Elle appartient depuis peu au patrimoine des Antinori. Un petit magasin où l'on trouve du vin et de l'huile d'olive de la propriété vient d'ouvrir à côté de l'abbaye. La *Fattoria delle Corti*, magnifique propriété d'époque Renaissance, cache, avec ses quarante-cinq jarres de plus d'un mètre de hauteur, une des plus impressionnantes

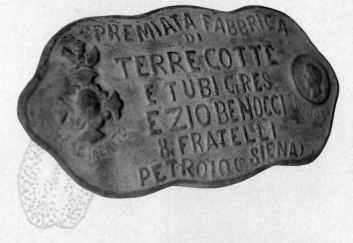

orciaia du Chianti. Duccio Corsini, l'heureux propriétaire, contrairement aux autres familles, ne fait pas partie du consortium du Laudemio : il considère que son huile est d'une telle qualité qu'elle n'a pas besoin de cette appellation !

Non contentes d'exploiter leurs terres, certaines grandes familles toscanes ont décidé de transformer leurs fermes pour les louer aux vacanciers. Un fascicule, *Antiche Famiglie Toscane*, propose une trentaine de lieux où passer quelques séjours de rêve entre la Spezia et Orvietto. Si l'on préfère le confort d'un hôtel, deux d'entre eux se distinguent, non loin de Sienne. *La Chiusa* est un ancien *frantoio*, moulin transformé en hôtel très luxueux. La propriétaire, Dana Lucherini, est un véritable cordon bleu. Plus romantique encore, comme l'indique son nom, l'*Amorosa* (L'Amoureuse), hôtel de dix-sept chambres, a conservé des vestiges qui remontent à 1350. Son directeur, Carlo Citterio,

Chez les Frescobaldi, les plans (cabreo) de Nipozzano, réalisés au XVIIIᵉ siècle, sont accrochés aux murs d'un des salons.

Adresses

FIESOLE
Fattoria di Maiano
Via Benedetto da Maiano, 11
S. Domenico di Fiesole
Tél. : 55 / 599 600 / 597 089

Cave di Maiano
Via delle Cave, 16
Tél. : 55 / 591 33

FIRENZE
Cantinetta Antinori
Piazza degli Antinori, 3
Tél. : 55 / 235 95
Tél. :55 / 235 98 84

MONTALCINO
Taverna dei Barbi
Tél. : 577 / 848 277

MONTEFOLLOCINO
Hôtel Chiusa
via della Madonnina, 88
Tél. : 577 / 66 96 68

MONTERIGGIONI
Souvenirs
Il Castello
Tél. : 30 46 94

PETROIO
Raffaelli Terrecotte
via Valgelata, 10
Tél. : 577 / 66 53 44

PONTASSIEVE
Villa di Bossi
Tenuta di Bossi
Via dello Stracchino, 32
Tél. : 55 / 83 17 830
Fax : 55 / 83 64 008

S. CASCIANO
Via di Pesa
Fattoria delle Corti
Tél. : 55 / 820 123
Fax : 55 / 820 257

SAN GIMIGNANO
I Vecchi Sapori Toscani
Via S. Giovanni, 72
Tél. : 577 / 94 19 89

SINALUNGA
Hôtel Amorosa
Tél. : 577 / 679 497
Fax : 577 / 678 216

Banfi
Sant' Angelo Scalo
Tél. : 577 / 840 111
Fax : 577 / 840 444

VITERBO
Enoteca la Torre
Via della Torre
Tél. : 761 22 64 67

fait partie d'une chaîne de restaurants qui fêtent l'huile d'olive nouvelle le 1ᵉʳ décembre. Pendant une semaine, chacun des restaurants présente quatre plats préparés à l'huile d'olive, pour permettre aux clients d'apprécier leurs différentes saveurs, tout en leur montrant avec quels plats les associer. Les amoureux d'architecture ne pourront pas quitter la région sans faire une visite à la magnifique abbaye de Castelnuova del Abate. À deux pas de là, on découvre les plantations de Stefano Cinelli, qui a ouvert un restaurant dans une de ses fermes, la *Taverna dei Barbi*, où l'on peut déguster la succulente cuisine régionale de Montalcino. Il propose également des chambres d'hôtes. À Viterbo, les gastronomes se régaleront à l'excellent restaurant *Enoteca la Torre*, qui a inscrit vingt sortes d'huile d'olive à sa carte, au même titre que les vins. On peut les déguster aux piments, à la sauge, au romarin, au basilic, au thym, etc.

LES POUILLES

Dans cette région située
au sud de l'Italie,
les *masserie* ont été
transformées en hôtels
merveilleux ou en restaurants
fameux. Ainsi, à Fasano,
la *Marzalossa*, qui date du
XVIIIᵉ siècle, propose quelques
chambres. Restaurée dans
la plus pure tradition par
l'avocat Mario Guarini,
elle jouit en plus d'une belle
piscine.
À côté d'Ostuni, Rosalba
et Armando Belestrazzi
tiennent *Il Frantoio*, un
des plus charmants hôtels
de la région des Pouilles.
À dix minutes de la mer
Adriatique, cet ancien moulin
situé au centre d'une oliveraie
séculaire de soixante-dix
hectares était gigantesque.
Nanti de trois meules,
il desservait toutes les
propriétés de la région
et employait dix à douze
personnes. Passionnée
de cuisine, Rosalba retravaille
de très anciennes recettes
locales et crée des plats
inventifs à base de produits
de la campagne. Leur huile
« Tre Colline de Ostuni » est
vendue dans le monde entier,

et on peut même la goûter
au *Plaza Athénée* à Paris.
Les fins gourmets feront
une pause gourmande
à Monopoli, à la *masseria*
de Spina Grande, née autour
d'une tour du XVIᵉ siècle.
Deux roues en pierre sont
posées en face de l'escalier
principal, en souvenir
du moulin à huile original.
La maison, ainsi que l'église,
datent du XVIIIᵉ siècle. Après
avoir admiré son musée
paysan, on peut s'y restaurer
agréablement.
Les amoureux de la mer
seront ravis de se restaurer
dans le village de Savaletri,

situé au bord de l'Adriatique,
où Mme Renzina a posé sur
la plage de Forcatella
quelques tables, et propose
à ses hôtes des oursins
que l'on déguste avec
des poulpes, accompagnés
de pain, de fromage
de chèvre et d'olives.
Le petit restaurant est ouvert
de février à fin juin.
À Bari enfin, l'hôtel Palace
est une bonne étape.
S'il manque un peu de
charme, les chambres y sont
très confortables et
son restaurant sous les toits
offre un panorama très
agréable sur la vieille ville.

*Décoré de meubles chinés un peu
partout, le Frantoio répond aux
critères des hôtels de charme.*

Adresses

BARI
Hôtel Palace
Via Lombardi, 13
Tél. : 80 / 521 65 51
Fax : 80 / 521 14 99

FASANO
Antiche Masserie Amati
Contrada S. Angelo, 5
Tél. : 80 / 71 34 71

Masseria Marzalossa
C. da Pezze Vicine, 65
Tél. : 80 / 71 37 80 / 79 11 62
Fax : 80 / 71 37 80

MONOPOLI
Masserio Fortificata Spina
Via le Aldo Moro, 27
Tél. : 80 / 80 23 96

Villa Meo Evoli
Cozzana
Contrada Sant' Oceano, 154
Tél. : 80 / 80 30 52

OSTUNI
Il Frantoio
SS. 16 km 874
Tél. : 80 / 501 46 80
Fax : 83 / 133 02 76

TURQUIE

Tous les jeudis, Ayvalik est transformé en un immense marché qui propose vêtements, objets et produits frais.

L'hôtel le plus confortable du cru est le *Florium Resort*. S'il manque de charme, il est cependant admirablement situé. Dans un tout autre style, la petite pension de famille Yali ne possède qu'un confort minime, mais dispose d'une agréable terrasse sur la baie.

Les anciennes savonneries et fabriques d'huile, pour la plupart abandonnées, étaient installées le long de cette baie. Parmi celles-ci, Emin Süner Zeytinyàgi, qui appartenait à la famille de Mustafa Kursat, le directeur de Komili, date de 1908.

Jarres, cuves, sacs à olives, ainsi que des instruments de mesure en parfait état semblent attendre un coup de baguette magique pour reprendre vie. Vingt-deux îles entourent Ayvalik, qu'il convient d'accoster en *trandil*, voilier turc. L'une d'elles,

Alibey – ou Cunda – est un véritable petit Saint-Tropez. On y vient le soir pour manger du poisson. Des restaurants délicieux se sont installés au bord de la mer. Les meilleures adresses sont

le *Lyra*, le *Lale* et le *Gunay*, qui proposent des poissons pêchés le jour même. C'est au *Tas Kahvé*, magnifique café de plus de deux cents ans, que les hommes viennent boire le thé

et le café, et jouer au *talva*. En face, le coiffeur-barbier Nail Dede, installé depuis trente ans, lave les cheveux de ses clients avec des shampooings à l'huile d'olive. Non loin de là, la boulangerie de Ada Firini fabrique de façon ancestrale le *pide*, pain du ramadan.

Adresses

ALIBEY
Lyra restaurant
Tél. : 266 / 327 24 12
Fax : 266 / 327 22 79

Lale restaurant
Tél. : 266 / 327 10 63
Fax : 266 / 327 17 77

Günay restaurant
Tél. : 266 / 327 10 48

AYVALIK
Hôtel Florium Resort
Lale Adasi
Tél. : 266 / 312 96 28
Fax : / 312 96 31

The Yali Pension
Tél. : 266 / 312 24 23

EN HAUT. Mézé au restaurant Lyra. CI-CONTRE. Le superbe Tas Kahvé bicentenaire, à Cunda.

INDEX DES RECETTES

BIBLIOGRAPHIE

A Buyers Guide to Olive Oil, Anne Dolamore
Grub Street London.
The Essential Olive Oil Companion, Anne Dolamore
Grub Street London, 1988.
The Feast of the Olive, Maggie Blyth Klein
Chronicle Books San Francisco, 1994.
La Civilisation de l'Olivier, Minelle Verdié
Albin Michel, 1990
L'Huile d'Olive, **professeur** Bernard Jacotot
Éditions Artulen, 1993
Le Livre de l'Olivier, M.C. Amouretti/G.Comet
Édisud, 1985.

Tierra de Olivos, Manuel Piedrahita
Editorial Beramar
La Crète aujourd'hui, Anne Debel
Éditions Jaguar, 1985
Le Grand Guide du Portugal
Bibliothèque du Voyageur / Gallimard, 1990
Grèce, Aris Fakinos
Éditions Points Planète/ Seuil, 1988
Maroc
Larousse Monde & Voyages
Tunisie, F. Minder/ F. Bachmann
Éditions Elsevier Paris-Bruxelles

REMERCIEMENTS

BRIGITTE FORGEUR ET JEAN-MARIE DEL MORAL
tiennent à remercier chaleureusement tous ceux qui les ont
si amicalement informés, guidés et reçus pendant
l'élaboration du livre.
Charles Menage, Giulio Ripa di Meana,
Nathalie Buisseret et Henry Zech.
EN ANDALOUSIE : Francisco Nuñez de Prado,
Pilar Viuda de Prado, Rafael Carrillo
Maestre et Francisco Madrid (*El Churrasco*),
Juan Ramon Guillen, Vicente Lléo, Juan Suàrez.
À IBIZA : Françoise Rolier (*restaurant Chez Françoise*),
Françoise Pialoux (*Les Terrasses*), pour le stylisme,
les magasins : Jacques Careuil (*Interiores*),
Magazin et *Pan con Tomate*
EN FRANCE : Yvan Lainville (*Coopérative du Nyonsais*),
Isabelle Brémond (*Tourisme*), Gilberte Brémond
(*Syndicat d'aménagement des Baronnies*),
Georges Mochot, Christine et Alain De Pauw,
Christine et François Lippens, Philippe Lavagna,
Marie-Anne et Johann Van Thiegem, Ineke et Dieter
Schierenberg, Édith et Pierre Poussou,
Jean-Marie Draut et Ludovic Alziari (*boutique Alziari*),
Paulin Donzet, Léon Laget, Alain Fert, René Gras,

Sonja Lee (*Bastide de Moustiers*),
Roger Vergé, Pierre Chastel, Colette Martin.
EN ITALIE : Antonio De Santis (*Academia Farnese*),
Augusta Svalduz (*CET*), la famille Fioretto Bruno,
Carla Parisi (*BIC*), Gian-Carlo Ceci et Savino Santovito,
Vito Bianchi, Nicola Alessandro Amati,
Rosalba et Armando Balestrazzi, Giovanna de Luca,
Josyane Dansette, Bona et Vittorio Frescobaldi,
Giordana Carpi et Ermanno Gardani, Cristina Antinori,
Lucrezia Corsini, Vittoria et Bernardo Gondi,
Ducco Corsini, Stefano Cirelli Colombini,
Ada de Gori Pannilini, Giuseppe et Alba Pini,
Carlo Citterio (*Amorosa*), Ettore Falvo,
la famille Trombetti, Dania Lucherini (*La Chiusa*),
Francesco Bartoli, Tommaso Bucci, Giovanni Montorselli.
EN TURQUIE : Gulgun Dogan,
Bulent Kürsat, Halil Pinar,
Nevra Aya, Ibrahim Abayli, Nail Dede,
Ali et Gulsah Gülören (*Lyra*),
Zehra et Zeliha Uysal, Fehime Ozveren,
Esref et Leyla Caglayan, Göksin Sipahioglu, Ali Danis.
Et tout particulièrement
Mustafa et Fatma Kursat (*Komili*), Esin Candan.

Ce livre a été réalisé grâce au concours financier de

VISIT FRANCE
VISIT EUROPE

RESPONSABLE ÉDITORIAL
Philippe Pierrelée

ÉDITION
Laurence Basset

CONCEPTION ET RÉALISATION
François Huertas

PHOTOGRAVURE : AZER, à Paris
RELIURE : A.G.M., à Forges-les-Eaux
Achevé d'imprimer sur les presses de Weber Impression Couleurs,
à Bienne (Suisse)

Dépôt légal : 816 - octobre 1995
ISBN : 2.85108.890.4
34/1052/9

9

10. n. 2